LA MÚSICA QUE NOS DEFINE

SOPITAS.COM

LA MÚSICA QUE NOS DEFINE

¿A QUÉ SUENA EL SOUNDTRACK DE TU VIDA?

Grijalbo

La música que nos define
¿A qué suena *el soundtrack de tu vida?*

Primera edición: octubre, 2024

D. R. © 2024, Francisco Alanis *Sopitas*

D. R. © 2024, derechos de edición mundiales en lengua castellana:
Penguin Random House Grupo Editorial, S. A. de C. V.
Blvd. Miguel de Cervantes Saavedra núm. 301, 1er piso,
colonia Granada, alcaldía Miguel Hidalgo, C. P. 11520,
Ciudad de México

penguinlibros.com

D. R. © 2024, Fernanda Bravo, por las ilustraciones
D. R. © 2024, Amalia Ángeles y Ana Paula Dávila, por el diseño de interiores

ISBN: 978-607-385-042-1

Impreso en México – *Printed in Mexico*

Impreso en los talleres de Litográfica Ingramex, S.A. de C.V.

ÍNDICE

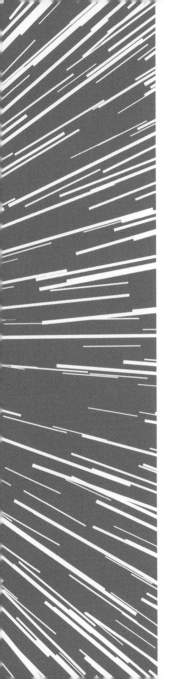

Todo comenzó con una simple pregunta: si tuvieras que explicarle a un alien qué diablos es la música, ¿cómo lo harías? ¿La música es algo que se toca?, ¿que se baila?, ¿que se escucha?, ¿que se canta?, ¿que se siente y se comparte?

Si el fuego, aire, tierra y agua son considerados como los cuatro elementos de la naturaleza que nos permiten subsistir, yo colocaría a la música como un quinto elemento que nos acompaña y define como humanos.

Está presente desde que nacemos con las canciones de cuna que nos arrullan y dan consuelo; nos ayuda a aprendernos el abecedario, los números, las partes del cuerpo. Después llegan las canciones con las que nos enamoramos y aquellas que nos reconfortan cuando nos rompen el corazón. Llega la canción que bailamos en nuestra boda, y también la del divorcio o ruptura. Permanecen las canciones con las que recordamos a las personas, algunos momentos, ciertos lugares y, por supuesto, está también la canción con la que nos despiden cuando morimos.

La música es un lenguaje universal que nos conecta entre humanos, desde el washawasheo que todos hemos hecho en algún momento de nuestras vidas, hasta los nuevos íconos del k-pop. En la música no importan las fronteras, las culturas o los idiomas, e invariablemente, siempre logra conectar con nuestras emociones más profundas (alegría, tristeza, amor, nostalgia, esperanza o motivación) de una manera en la que las palabras simplemente no lo consiguen.

La música nos abraza, nos acompaña y nos define como seres humanos sin importar géneros o artistas. Al mismo tiempo, hay canciones que tienen el superpoder de hacernos llorar, de gritar en éxtasis, de perrear involuntariamente y de darnos esas endorfinas que necesitamos para estar alegres y sonrientes.

WHOO HOO!

Este libro no busca ser un documento científico ni una tesis de musicología. Por el contrario, es una invitación a divertirnos a través de la música, a repasar la manera en la que esta ha marcado nuestras vidas y, al mismo tiempo, conocer aquellas historias y curiosidades que nos ayudan a entender cómo diablos algo tan simple como una canción termina transformando nuestro mundo.

Así que, para empezar, ¿quién es tu artista o banda favorita? Ya sabes, cuál escucharías si vivieras en una isla desierta, esa que pones sin parar.

Pimpón, ¿eres tú? La canción que marcó tu niñez:

El primer disco que compraste con tus ahorros:

El póster de qué banda o artista pegaste en tu cuarto de adolescente:

Fecha, lugar y artista del primer concierto al que fuiste:

¿Por qué
ese fue el mejor
concierto de tu vida?:

La canción que dedicaste
a ese gran amor:

La canción que te han
dedicado (cuenta, rata de dos
patas, que no te dé pena):

¿A qué banda o artista
le has dejado más
quincenas?

¿Cuál es la última
banda o artista
que has conocido
y te ha gustado?

CARTA
ASTRAL
DE LA
MÚSICA

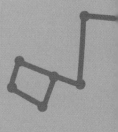

"LA MÚSICA NO SE CREA NI SE DESTRUYE, SOLO SE TRANSFORMA".

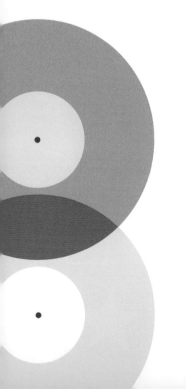

No es una cita de algún filósofo, científico o astrofísico. Es una teoría que, personalmente, me ayuda a mirar atrás y entender que la música ha existido desde siempre. Vaya, podríamos decir que fue uno de los primeros lenguajes creados por el ser humano —incluso antes que las palabras—, ya sea tocando algún cuerno de animal, un palo con semillas, los caracoles o conchas para comunicarse durante las asambleas y ceremonias o labores de caza. Ni qué decir del siempre y tan primitivo ritual de apareamiento; algo que hoy en día los chavos llaman "el playlist del amor".

La música ha estado presente desde la prehistoria, evolucionando como una herramienta que nos ayuda a entender qué somos, a dónde vamos o cómo le digo que la amo sin decirle que la amo. La música ayudó al ser humano a entender el universo, desde Pitágoras y su teoría titulada "La armonía de las esferas", a la que el premio Nobel, Richard Feynman, achaca el origen de la física —¡gracias por todas las materias reprobadas!—, hasta el día en el que Brian May decidió hacer su tesis sobre la luz zodiacal en el observatorio del Teide, en las Islas Canarias. Llegó a la isla solo con su maleta, sus libros y su guitarra para practicar y relajarse en su tiempo libre. Fue por entonces, un día de 1970, que recibió la llamada de su amigo Freddy (Mercury) para sonsacarlo y fundar Queen. El resto es historia.

BRIAN MAY

Brian May pudo terminar su tesis en el 2008 tras tomarse un "pequeño sabático" de 30 años para rockear por todo el mundo. Pero ni toda la fama ni toda la fortuna le quitaron la angustia de la tesis, un trabajo que examina el misterioso fenómeno conocido como luz zodiacal, que no es otra cosa más que esa franja de luz que se llega a ver desde el horizonte antes del amanecer o después del atardecer y que sigue la dirección del zodiaco.

El estudio fue publicado en un libro titulado *A Survey of Radial Velocities in the Zodiacal Dust Cloud*, un libro que nos deja ver que no importa que seas el guitarrista de una de las bandas más icónicas del mundo, no importa que tengas millones de libras en tus cuentas bancarias o millones de seguidores en todo el mundo, ¡la angustia de terminar la maldita la tesis siempre te perseguirá!: "Disfruté mucho mis años tocando la guitarra y grabando música de Queen, pero es extremadamente gratificante ver la publicación de mi tesis. No puedo explicar el alivio que significa para mí".

Brian May no es el único artista influenciado por el cosmos, junto a él podemos encontrar una larga lista de músicos que encontraron en el universo, en los astros y las estrellas una inagotable fuente de inspiración que nos ha regalado piezas tan icónicas como la "Sinfonía n.º 41", conocida como "La sinfonía de Júpiter", completada en 1788 y considerada una de las mejores en la historia de la música clásica, sin contar que es la sinfonía más larga que Wolfgang Amadeus Mozart compuso en toda su vida.

Otro fuera de serie que nos acercó al espacio a través de su música fue David Bowie, quien con su *Space Oddity*, de 1969, nos cuenta la historia de Major Tom, un astronauta que comanda una misión al espacio, quien al llegar ahí experimenta la soledad y el aislamiento del resto de la humanidad (una metáfora sobre el desamparo, la confusión y la búsqueda de significado en la era moderna).

A tan solo días de estrenarse, la cadena de televisión BBC eligió "Space Oddity" como la canción ideal para su cobertura del alunizaje del 21 de julio de 1969, y en el 2013 el tema pasaría a la historia por ser la primera canción transmitida en vivo en la Estación Espacial Internacional, cortesía del astronauta Chriss Hadfield, quien se llevó al espacio una guitarra e interpretó la canción con gravedad cero, en un video que todos podemos ver y disfrutar a través de YouTube.

DAVID BOWIE

Sin embargo, la primera canción que sonó en el espacio se cantó muchísimo antes de "Space Oddity" y el alunizaje. En plena carrera espacial, la Unión Soviética quiso apañarse ese honor, y en la misión Vostok 3, el astronauta ucraniano Pavlo Popovych calentó garganta y se echó a capela una canción llamada "Дивлюсь я на небо та й думку гадаю" —yo tampoco entendí ni mais—, que según Google Translate quiere decir "Miro al cielo y pienso" (¿quién no lo ha hecho?).

Claramente, este primer hito enfureció a los Estados Unidos, pues fijaron toda su energía para vengar semejante afrenta soviética. ¿Cómo lo hicieron? Enviando

a dos astronautas al espacio el 25 de diciembre de 1965 para "sembrar el terror" en todas las galaxias al interpretar ni más ni menos que "Jingle Bells", la que se convirtió en la primera canción que se tocó con un instrumento musical en el espacio.

Como podemos ver, la música y el cosmos han estado entrelazados desde el origen de la humanidad hasta los días del perreo sucio y siniestro. Y, por supuesto, si hablamos de astronomía, tenemos que hablar de astrología, que parecen lo mismo, pero no lo son. Mientras la astronomía estudia el cosmos, estrellas y planetas, la astrología se encarga de estudiar el comportamiento de los astros, ya saben, que si los aries son puro fuego y los virgo son perfeccionistas. Que si eres fuego, aire, tierra o agua (por cierto, ¿no les parece irónico que los acuario sean considerados un signo de aire y no de agua?).

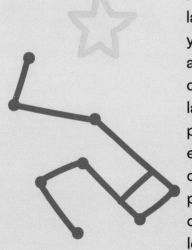

Todo este relajo, confusión y justificación de vida se lo debemos a los babilonios, que hace más de 2 mil 500 años crearon los horóscopos y signos zodiacales, por lo que si hablamos de música, astronomía y astrología, lo menos que podemos hacer es imaginar cómo sería una... carta astral de la música.

Que si el fuego de aries es del metal, que si los capricornio son rebeldes y les gusta el punk. Hay miles de combinaciones posibles.

Dejemos que los astros hablen de los géneros, de los músicos, de las bandas, de lo que está escrito y, por supuesto, de lo que todavía no.

JOEY RAMONE

ARIES

Impetuosos y apasionados, los aries vibran con el rock en sus venas. El ritmo frenético del metal los impulsa a conquistar montañas sonoras, mientras que el punk les inyecta una dosis de rebeldía.

Sonidos ascendentes: AC/DC, Iron Maiden, Ramones, Sex Pistols. Y por supuesto, el *Aries* de Luis Miguel.

ELTON JOHN

TAURO

Sensibles y amantes de la belleza, los tauro encuentran refugio en la delicadeza de los clásicos. Las melodías dulces y armoniosas (y viejitas) acarician sus almas, al tiempo que les permiten explorar nuevos mundos sonoros.

Sonidos ascendentes: The Beatles, Elton John, Nina Simone y The Rolling Stones.

LIAM
GALLAGHER

NOEL
GALLAGHER

GÉMINIS

Curiosos, versátiles y latosos, los géminis se embarcan en un viaje musical sin fronteras. Su doble personalidad les permite brincar de un género a otro y son los clásicos que siempre te quieren presumir los nuevos artistas y melodías por descubrir. ¿Se nota que yo soy géminis?

Sonidos ascendentes: Oasis, Haim, U2 y Bombay Bicycle Club.

Emocionales y sensibles, los cáncer se sumergen en la música emo y las baladas. Los cáncer son azotados y siempre le echan la culpa a su "sensibilidad", por no llamarle "cursilería".

CÁNCER

Sonidos ascendentes: Adele, My Chemical Romance, Ed Sheeran y José José.

Dramáticos y apasionados, los leo se adueñan del escenario con el pop. Voces poderosas y melodías grandiosas que alimentan su insaciable ego y les hacen sentir que son los reyes del universo.

LEO

Sonidos ascendentes: Lady Gaga, Madonna, The Weeknd y Beyoncé.

BOB DYLAN

Meticulosos y analíticos, los virgo encuentran placer en el folk. La precisión y la armonía de las notas clásicas satisfacen su mente crítica, mientras que la simplicidad del folk los conecta con la Tierra.

VIRGO

Sonidos ascendentes: Bob Dylan, Natalia Lafourcade, Kevin Kaarl y Joan Manuel Serrat.

Diplomáticos y amantes del equilibrio, los libra buscan armonía en la música. El happy pop los transporta a un estado ideal para socializar (si no, no la libra-n).

Sonidos ascendentes: Bruno Mars, ABBA, Dua Lipa y Calvin Harris.

Intensos y misteriosos, los escorpio se sienten atraídos por la música oscura y profunda. El rock gótico les permite explorar sus emociones más ocultas, mientras que la música electrónica experimental los invita a sumergirse en un viaje introspectivo.

DAVE GAHAN

ESCORPIO

Sonidos ascendentes: Scorpions (obviamente), Nine Inch Nails, Depeche Mode, Caifanes y Evanescence.

Aventureros y optimistas, los sagitario buscan la libertad en la música. El indie los conecta con sus raíces y su espíritu libre, les abre los chacras a nuevos sonidos.

DAMON ALBARN

SAGITARIO

Sonidos ascendentes: The Strokes, Blur, Manu Chao y Fobia.

SNOOP DOGG

CAPRICORNIO

Ambiciosos extrovertidos, los capricornio aprecian la música con estructura y significado. El hip hop los inspira a alcanzar sus metas y las letras profundas los conecta con su lado más sensible.

Sonidos ascendentes: Jay-Z, Santa Fe Klan, Missy Elliot y Snoop Dogg.

ACUARIO

Independientes y originales, los acuario se rebelan contra las normas musicales. La música electrónica experimental y el alternativo les permiten expresar su individualidad, al tiempo que les da voz a sus ideas contestatarias.

BJÖRK

Sonidos ascendentes: The Chemical Brothers, Björk, The Clash y Pearl Jam.

Soñadores y sensibles, los piscis se pierden en las olas de la música bailable. Las melodías coloridas y las letras alegres los transportan a un mundo de fantasía que los conecta con sus emociones más profundas.

PISCIS

JUAN GABRIEL

Sonidos ascendentes: Los Ángeles Azules, Karol G, Bob Marley y Juan Gabriel.

LOS ARTISTAS Y SU CONEXIÓN CON LAS ESTRELLAS

El signo zodiacal bajo el que nacieron los artistas más icónicos de todos los tiempos y, sí, la canción que los representa y no deberías perderte por nada.

SELENA
Del 21 de marzo al 19 de abril
SIGNO: Aries (nació aries, murió aries en marzo de 1995)
CANCIÓN: "Amor prohibido"

JAMES BROWN
Del 20 de abril y el 20 de mayo
SIGNO: Tauro
CANCIÓN: "I Feel Good"

PAUL MCCARTNEY
Del 21 de mayo al 20 de junio
SIGNO: Géminis
CANCIÓN: "Hey Jude"

LANA DEL REY
Del 21 de junio al 22 de julio
SIGNO: Cáncer
CANCIÓN: "Videogames"

MADONNA
Del 23 de julio al 22 de agosto
SIGNO: Leo
CANCIÓN: "Vogue"

ROGER WATERS
Del 23 de agosto al 22 de septiembre
SIGNO: Virgo
CANCIÓN: "Brain Damage"

ROSALÍA
Del 23 de septiembre al 22 de octubre
SIGNO: Libra
CANCIÓN: "Malamente"

BJÖRK
Del 23 de octubre al 21 de noviembre
SIGNO: Escorpio
CANCIÓN: "Big Time Sensuality"

TAYLOR SWIFT
Del 22 de noviembre al 21 de diciembre
SIGNO: Sagitario
CANCIÓN: "Style"

DAVE GROHL
Del 22 de diciembre al 19 de enero
SIGNO: Capricornio
CANCIÓN: "Everlong"

HARRY STYLES
Del 20 de enero al 18 de febrero
SIGNO: Acuario
CANCIÓN: "As It Was"

LOU REED
Del 19 de febrero al 20 de marzo
SIGNO: Piscis
CANCIÓN: "Perfect Day"

Y si no crees en los astros y su magia, siempre puedes hacer como los soviéticos en la carrera espacial: "Mirar al cielo y pensar", ¡pero siempre con música!

DETRÁS DE LA MÚSICA

¿Te has puesto a pensar cuántas canciones existen o se han inventado a lo largo de la historia?

Apple Music, una de las plataformas de streaming más populares del planeta, ofrece a sus suscriptores más de 100 millones de canciones en su biblioteca, pero lo más importante de este dato, es el simple hecho de saber que existen más de 100 millones de canciones ¡creadas únicamente a partir de siete notas musicales!

Lo más impresionante de todo, matemáticamente hablando, es que si combinamos las siete notas básicas (do, re, mi, fa, sol, la, si), ¡se podrían hacer únicamente 343 canciones! Entonces, ¿cómo es que llegamos a los cientos de miles y millones? Algunos lo llaman "magia", otros "creatividad".

¿Hasta qué punto una canción suena parecida a otra por mera coincidencia o similitud y en qué momento se considera un plagio?

Para entender los procesos creativos más raros y extravagantes de la música, debemos de comenzar por la historia de las siete notas musicales.

EL DO, RE, MI DEL "PADRE DE LA NOTACIÓN MUSICAL"

Aceptémoslo, el "do-re-mi-fa-sol-la-si-do" no se lee, se canta. Pero durante mucho tiempo las notas musicales se denominaron de acuerdo con las letras del abecedario.

Hablamos del siglo x, cuando la gente acostumbraba a comer con las manos, hacer del baño en la calle y transmitir melodías de manera oral o con indicaciones rítmicas tan rudimentarias que las letras del abecedario servían como una serie de símbolos (A, B, C, D, E, F y G) para representar uno o varios sonidos, sin especificar el tempo o el ritmo; era un ejercicio que en la antigua Grecia fue conocido como "notación neumática", un concepto tan complejo que partía de cuatro modulaciones de voz o "neumas":

Punctum: Movimiento descendente o una nota más grave.

Virga: Movimiento ascendente o nota más alta.

Podatus: Una combinación de las dos anteriores; es decir, un movimiento grave-agudo.

Clivis o flexa: Movimiento alto-bajo.

Por si no fuera lo suficientemente enredado, se dice que estas partituras eran imposibles de repetir si no las habías escuchado antes.

Y es aquí donde aparece Guido de Arezzo, un monje benedictino tachado de loco —como todos los genios— que se dio cuenta de que con la "notación neumática" los monjes no lograban memorizar los cantos gregorianos para sus misas, por lo que decidió implementar un sistema de notación basado en el tetragrama (precursor del pentagrama), en el que empezó a acomodar las notas musicales dependiendo de su sonido y así cambiar para siempre la historia de la música.

Por supuesto que la misión de Guido de Arezzo no era simplificar la vida de Jimi Hendrix o Peso Pluma, sino ayudar a los monjes a memorizar sus cantos, por lo que para facilitar este proceso tomó la primera sílaba de cada verso del himno a San Juan Bautista, que comienza con una nota diferente a la anterior con orden ascendente y así crear el famoso: **do, re, mi, fa, sol, la, si.**

Si se preguntan, el himno de San Juan Bautista era algo así: *Ut queant laxis / Resonare fibris / Mira gestorum / Famuli tuorum / Solve polluti / Labii reatum / Sancte Ioannes.*

—Oye, Sopitas, pero la primera sílaba del himno es "Ut", no "Do".

Y tienen toda la razón, el do llegó setecientos años después, cuando el musicólogo italiano Giovani Battista Doni se dio cuenta que la sílaba "Do" (primera sílaba de su segundo apellido, casi nada narcisista, por cierto) facilitaba mejor el solfeo por terminar en vocal, contrario a lo que ocurría con el "Ut". Este podría ser considerado uno de los procesos creativos más grandes de la historia de la música, lo que le mereció a Guido de Arezzo ser bautizado como el "Padre de la notación musical".

DEL "PADRE DE LA NOTACIÓN MUSICAL" AL "PADRE DEL ROCK"

Y... ¿qué diablos es la creatividad? ¿Es un arte? ¿Una ciencia? ¿Un superpoder? Estrictamente hablando, la creatividad es la facultad de crear o inventar cosas, ya sean chistes, juegos, cohetes espaciales, recetas de cocina, pretextos (en este último somos creativísimos) y, por supuesto, canciones.

Aunque no nos demos cuenta, la creatividad está presente prácticamente en todo lo que hacemos de forma cotidiana. Algunos procesos creativos que ejecutamos diariamente son elegir nuestra vestimenta (aunque hay unos que se pasan de creativos en el proceso), la ruta para llegar a la escuela o al trabajo, la forma de preparar nuestros alimentos o el sitio en el que gastaremos el fin de semana. Vaya, recurrimos

a la creatividad ¡hasta para subir un posteo a Instagram o el baile de TikTok!

Muchísimos libros se han escrito al respecto: ¿cómo funciona nuestro cerebro? ¿Qué es la creatividad o cómo estimularla? Pero si en algo coinciden los expertos es en que la creatividad no es estática ni, mucho menos, algo que ocurre en un lugar o momento específico.

Llámenme cursi, pero mientras escribo estas líneas, me doy cuenta de que la creatividad no es tener una gran idea, sino que se trata de un proceso continuo de experimentación que nos lleva a encontrar mejoras en nuestras vidas, ya sea cocinar unos huevos estrellados más ricos, diseñar estructuras de trabajo que nos ahorren tiempo para salir antes de la oficina, descubrir el truco para comprar los boletos de avión más baratos, explicarle a nuestra pareja por qué necesitamos hipotecar la casa para comprar el holograma de Pokémon 3000, o simplemente escribir una simple canción que —sin saberlo— podría terminar convirtiéndose en un himno que marque a las futuras generaciones.

Pero ¿de qué hablamos cuando hablamos de la creatividad en la música?

El concepto es tan amplio que podríamos ir desde los inventores de instrumentos, géneros, sonidos o canciones, hasta aquellos que sin proponérselo crearon nuevas formas de tocar, de cantar, de crear y hasta de bailar, porque nos guste o no, ¡hasta el perreo es innovación!

Antes de Taylor Swift, de Madonna, de Bad Bunny, de Karol G, de Kendrick Lamar, de The Strokes o de Depeche Mode, hubo cientos de pioneros que motivados por la pasión y la experimentación terminaron transformando la música, y si bien sus nombres y legados suelen pasar desapercibidos, sus aportes fueron cruciales para la evolución de la música y el impacto que ha tenido en nuestra vida. Un ejemplo de ello es Chuck Berry, uno de los artistas más creativos e innovadores a quien se le acredita como el "inventor del rock". Poca cosa.

Pero ¿cómo es que un chico afroamericano que cursaba la secundaria pudo "inventar" el rock?

Claramente, Berry no se despertó un día, se puso su uniforme escolar y dijo "voy a inventar el rock", sino todo lo contrario.

Berry, un chico afroamericano de clase media, se despertó un día y decidió meterse a robar una tienda en Kansas City. En su autobiografía, Berry contó que al momento de la huida, su coche se descompuso, por lo que paró otro e instintivamente decidió robárselo al conductor con una pistola de juguete, razón por la que luego fue arrestado y sentenciado en un reformatorio.

Durante su tiempo en la cárcel, Chuck Berry creó un cuarteto de música para tocar covers de blues, country y rhythm & blues sin saber que terminarían tocando tan bien. Incluso las propias autoridades carcelarias les terminarían dando permiso de entrar y salir del reformatorio para tocar en fiestas y bares.

Fue esta experimentación con el blues, el country y el rhythm & blues lo que años más tarde llevaría a Chuck Berry a crear canciones disruptivas y con espíritu adolescente, en las que hablaba de coches, bailes y chicas. Canciones de ritmo acelerado que, combinado con su divertida presencia sobre el escenario (Berry es también el "inventor" del famoso salto en una pierna) y sus solos de guitarra, terminaron siendo las que cimentaron el espíritu del rock & roll en los cincuenta.

CHUCK BERRY

Del otro lado del mundo, el fervor del rock naciente empezaría a manifestarse en el Reino Unido con el merseybeat, que no era otra cosa más que la mezcla del rhythm & blues, folk británico, rock y música de salón o hall (música victoriana que parte con el piano como base y que fue muy popular en los salones de baile ingleses en los veinte y treinta).

Si Estados Unidos tenía a Chuck Berry, Little Richard, Elvis Presley o Jerry Lee Lewis, el Reino Unido —además de los Beatles— tenía a The Kinks, un cuarteto liderado por los hermanos Ray y Dave Davies a quienes se les atribuye haber inventado la "distorsión con la guitarra eléctrica" con "You Really Got Me".

De nueva cuenta, la historia no es que los hermanos Davies hayan despertado un día pensando en inventar la distorsión, sino que, según cuenta Dave Davies, la canción surge cuando se entera de que su novia está embarazada y sus padres les prohibieron casarse por ser demasiado jóvenes, separando por completo a la pareja.

Esto solo generó rabia, furia y una depresión que llevó a Dave Davies a jugar con una navaja de afeitar. Afortunadamente, en vez de cortarse las venas, decidió cortar la malla frontal del amplificador Elpico que tenía en su casa y, al ver cómo vibraba el cono del altavoz, decidió conectarlo a otro amplificador, un Vox AC30 de 30 vatios y, posteriormente, enchufarlos a su guitarra, produciendo un sonido mucho más potente que abriría el camino para bandas y figuras como The Who, Jimmy Hendrix, Led Zeppelin y lo que a la postre se le conocería como el rock pesado.

DE LAS GUITARRAS A LAS TORNAMESAS Y LA PISTA DE BAILE

Pero no solo de rock vive el hombre y, por el contrario, si algo nos queda claro ha sido la necesidad ancestral de bailar. No importa si es para pedirle lluvia a Tláloc, para celebrar el fuego o para ligarse al crush al ritmo del rock, twist o chachachá.

El baile ha sido parte esencial de la evolución humana, desde el paleolítico hasta el TikTok. Una figura clave en la evolución del baile y las pistas de baile fue Francis Grasso, quien se convirtió en DJ por accidente, pues gracias a él se crearon las tornamesas con las que hoy en día mezclan David Guetta, Martin Garrix, Carl Cox, Tiesto y hasta Skrillex.

Todo ocurrió una noche de 1968, cuando Terry Noel, el disc-jockey residente del club Sanctuary II de Nueva York no se presentó a trabajar tras quedarse perdido en un viaje de ácido.

Es ahí cuando Francis Grasso recibe el llamado de emergencia. Total, hasta ese momento, lo único que hacía un DJ era escoger discos y tocarlos uno tras otro para que la gente los bailara; una práctica que cada vez resultaba más popular y exitosa para los empresarios que, de esta manera, se ahorraban el tener que contratar músicos en vivo para amenizar las fiestas.

Grasso sobrevivió la primera noche en el Sanctuary, y descubriría que todos los DJ hacían exactamente lo mismo, por lo que, en determinado momento, decidió empezar a pinchar un disco encima del otro, encontrando similitudes entre los finales de unas canciones

y los inicios de otras, cuadrando los ritmos y
creando una sensación de continuidad
en la pista de baile, algo que era
celebrado por toda la audiencia,
pues de esta manera las canciones
"nunca terminaban".

Así fue como Francis Grasso inventó y perfeccionó la
técnica de la mezcla, y lo hizo con unas tornamesas
de tracción a motor y sin correa, lo que hacía aún más
complicado el deslizamiento del vinilo para ajustar la
velocidad y el punto exacto en el que la
aguja debía pinchar el disco.

La complejidad del proceso hizo que
Grasso se viera en la necesidad
de escuchar las mezclas que
pensaba hacer antes de
ejecutarlas, convirtiéndose
así en el primer DJ en usar
audífonos sobre una cabina.

El legado de Francis no solo se mide en la manera en la que hoy en día los DJ son capaces de captar la energía de las multitudes y generar expectativa por las siguientes mezclas en sus sets —un paisaje común en festivales como el EDC o Tomorrowland—, sino que gracias a su innovación, diversas empresas de electrónicos crearon tornamesas mucho más modernas y fáciles de maniobrar, lo que incluso popularizó el oficio.

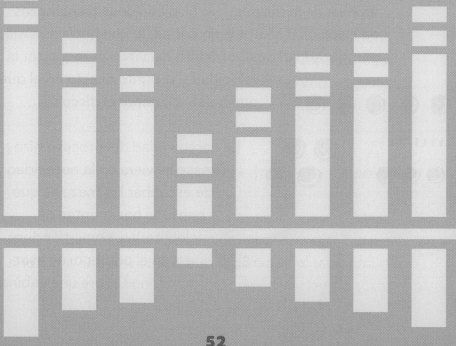

CREATIVIDAD Y GENIALIDAD

Martin Homent es uno de los directores creativos más importantes del planeta, quien ha creado campañas publicitarias para marcas como Absolut, Coca-Cola o British Airways, además de haber sido contratado ni más ni menos que por Prince para ser su director creativo.

Según cuenta el propio Homent, una de las primeras lecciones que le dejó trabajar con Prince fue percatarse de que la primera limitación para cualquier proceso creativo es nuestro miedo a ser criticados o sentirnos ridiculizados. ¿La segunda? Aceptar que nuestras ideas nunca serán tan buenas o perfectas como queremos que sean.

Tal vez esa mentalidad es la que ha permitido a diversos artistas crear verdaderos himnos en cuestión de minutos, sin importar lo superficial que pueda resultar la historia detrás de estas canciones:

"ROCK AND ROLL"
- LED ZEPPELIN

Ese inicio de batería y guitarra gritan libertad.
Una tarde de 1971, la banda estaba atascada
en la composición de "Four Sticks".
Jon Bonham, desesperado, empieza a tocar
la bateria de "Keep A-Knockin", de Little
Richard, Jimmy Page golpea la guitarra al estilo
de Chuck Berry, mientras que Robert Plant
se trepa al palomazo plasmando
el sentimiento con *It's been
a long time, been a long time*
para crear en tan solo 30
minutos una de las piezas más
icónicas de Led Zeppelin.

"ROYALS"

- LORDE

¡Que levante la mano quien no ha hecho la tarea camino a la escuela! Podríamos decir que algo similar le ocurrió a Lorde con esta canción, escribió tan solo media hora antes de una crucial junta de trabajo con Joel Little, el productor designado por Universal Music para crear el primer EP de la artista neozelandesa.

Tras varios intentos fallidos, la paciencia de la disquera parecía llegar a su fin, sin saber que esa mañana, Lorde se encontraría con un artículo de la revista National Geographic con una foto del beisbolista George Brett, vistiendo el uniforme de los Kansas City Royals.

Ese fue el detonante para que Lorde compusiera este himno, al que pudo colar la frase "manejamos Cadillacs en nuestros sueños", la cual escribió en su diario cuando tenía apenas 12 años.

MI DIARIO

"SATISFACTION"

- THE ROLLING STONES

Un día sueñas con comer un elote con tu crush,
otro día creas uno de los himnos más grandes en
la historia del rock. Así lo cuenta Keith Richards
en su autobiografía... bueno, casi. Un día estaba
durmiendo y, entre ronquidos, despertó con un riff
de guitarra en la cabeza y la palabra "satisfaction",
lo registró en una pequeña grabadora y volvió a la
cama. A la mañana siguiente se dio cuenta de que la
cinta de su grabadora se había terminado. Le puso
play y compartió la cinta con Mick Jagger, quien
pensó que era una broma, pero igual terminó la
letra. Grabaron la canción e increíblemente Richards
y Jagger no querían que se lanzara como sencillo.

Fue una votación en la que Charlie Watts, Bill
Wyman y Brian Jones votaron a favor, regalándonos
así una de las mejores canciones de la historia.

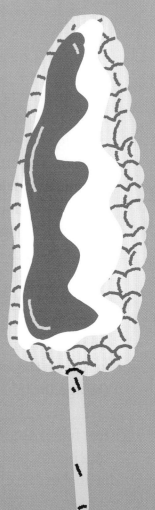

"SONG 2"
- BLUR

Empezó como una broma del guitarrista de la banda, Graham Coxon, que en el estudio quiso imitar lo que sería una canción "grunge". Damon Albarn se unió al palomazo sin una letra clara, por lo que solo empezó a gritar "whoo-hoo" y 30 minutos más tarde se escribió uno de los grandes himnos del britpop.

"ALL THE SINGLE LADIES"

- BEYONCÉ

¡Qué! ¿Una de las canciones que se convirtió en un himno en las fiestas, con múltiples coreografías y premios en su haber se escribió en tan solo 17 minutos?

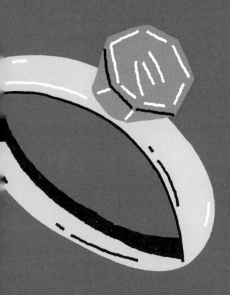

Es la historia que cuenta The-Dream, compositor y productor de la canción, quien recuerda el momento en el que llegó al estudio sin saber absolutamente nada, vio a Beyoncé y tuvo claro el mensaje: las mejores canciones son las que menos tiempo te lleva hacer porque no estás sobrepensando lo que quieres lograr. En este caso, se puso en los zapatos de Beyoncé para disfrutar su soltería, pasarla bien y, además, decirle a su pareja (en este caso Jay-Z) "Si te gusta, dale el anillo".

"SEVEN NATION ARMY"
- THE WHITE STRIPES

En el 2003 los White Stripes sacudieron al mundo con el primer sencillo de su nuevo disco titulado *Elephant*. Poco sabíamos en aquel momento sobre el riff que terminaría siendo el más tarareado en los estadios de futbol en el siglo XXI. Desde que la selección italiana lo adoptó para celebrar su victoria en el Mundial del 2006, hasta millones de mexicanos que cantamos "el Chucky Lozano" en Rusia 2018, "Seven Nation Army" nació durante un ensayo de Jack White, en el que calentaba su guitarra. Se encontró con el riff y le pareció lo suficientemente interesante como para imaginar que ese sería el riff que utilizaría en caso de que le pidieran escribir una canción de James Bond.

Lo de James Bond nunca ocurrió, pero el título de la canción llegó gracias a la confusión que sufría Jack White cuando era niño y pensaba que el Salvation Army era el Seven Nation Army.

YA NO SABEN NI QUÉ INVENTAR

¿Tu onda estaba en onda, pero ya no está en onda? Tranquilo, viejo, aquí te vamos a contar qué son todos esos nuevos géneros y subgéneros de los que tanto hablan tus sobrinos y que surgen de la banda a la que le gusta experimentar.

Bedroom pop, k-pop, j-pop, folktronic, vaporwave, classic hardstyle, powernoise o doomcore. Hay géneros y degenerados. **Pero ¿quién inventó todas estas etiquetas y por qué nos importan tanto los géneros en la música?**

Millones de personas asumen que un género se define en torno al sonido de la música, cuando en realidad obedece al segmento social e ideología de personas a las que representa o les habla. ¿A qué me refiero? El flamenco no solo se define por sus guitarras y palmas rítmicas, sino por su arraigo en la cultura andaluza. El rock es sinónimo de rebeldía y durante mucho tiempo también lo fue de "masculinidad", pero con el paso del tiempo ha sido redefinido por artistas femeninas y no binarias, cuestionando las normas sociales y ampliando

la definición de cada género musical. ¿Qué me dicen de que los principales expositores del regional mexicano hayan nacido en Estados Unidos? O el reggae que más allá de la música representa al movimiento rastafari.

En el capítulo anterior nos clavamos en la historia y evolución de la música, desde la Edad Media y las creaciones del monje benedictino Guido de Arezzo a los artistas que escuchamos hoy en día, como Billie Eilish, The Weeknd, Gorillaz o Kendrick Lamar.

Aunque ¿cómo se conecta la música con el paso de los años?

La música sacra es un género que apareció en la Edad Media, y nada se parece al "Señoooor, me has mirado a los ooooojoooooossss" que escuchamos —y cantamos ahora. #VirgencitaPlis.

A la par, en la Edad Media, se desarrolló la música secular (no confundir con la música seculera), la cual fue concebida para las fiestas del pueblo y los "profanos" (¡malditos pecadores!). Es posible decir que esta fue la primera encarnación del pop o la "música popular". A partir de ahí, podemos formar nuestro árbol genealógico de la música hasta nuestros días, y ni intenten dominarlo porque esto no se acaba. **La música es algo vivo que sigue transformándose y, mientras lo hace, nos transforma como individuos y como sociedad.**

1870: TERMINA LA GUERRA CIVIL ESTADOUNIDENSE Y NACE EL FOLK BLUES

A finales del siglo XIX, mientras los blancos adinerados concebían el country, los esclavos de los campos de plantación del sur de Estados Unidos comienzan a crear algunos cánticos y canciones para plasmar sus ideas, sueños y anhelos. Cánticos que con el paso de los años se convertirían en el folk rural o blues rural.

INICIOS DEL SIGLO XX Y EL NACIMIENTO DEL BOOGIE WOOGIE

Pero no toda la música que se hacía era triste. Desde siempre, la chaviza ha usado la música para divertirse, ligar y bailar. El boogie woogie fue la evolución del blues rural que incorporó secuencias de piano para hacer la música bailable.

ABOLICIÓN DE LA ESCLAVITUD Y LA LLEGADA DEL R&B

La abolición de la esclavitud y el fin de la segregación racial permitieron que miles de esclavos abandonaran las zonas rurales entre 1910 y 1920 para migrar a ciudades industriales como Detroit y Chicago, con la intención de de conseguir un trabajo de obrero. Como empezaron a recibir mejores sueldos, pudieron comprar mejores instrumentos y, al reunirse a tocar, no solo había piano y guitarra, sino también bajos, batería y más. Coloquialmente, se le llama "música racial", y fue el periodista Jerry Wexler, de la revista *Billboard*, quien acuñó el término "rhythm & blues", el cual sirvió de plataforma para lo que vendría después.

LA PRIMERA CANCIÓN DE ROCK

El primer bosquejo de rock & roll aparece por primera vez en 1920 con la canción "My Baby Rocks Me With One Steady Roll", de Trixie Smith, pero el rock surgiría como género tres décadas después cortesía de Chuck Berry, Little Richard y Fats Domino. "Rocket 88" es considerada la primera canción de rock & roll que se grabó en la historia, de la mano de Ike Turner y sus Kings of Rhythm.

LOS SESENTA Y LA REVOLUCIÓN MÚSICAL

En la década de los sesenta es cuando la sociedad y la música comienzan a diversificarse. Socialmente, los movimientos estudiantiles sacudieron varias partes del mundo: Estados Unidos, España, Francia y, por supuesto, México. Se trató de la primera generación socialmente consciente, la primera que quería romper con el pasado, **lo que convirtió a la música en un poderoso vehículo para la expresión de la lucha por un mundo más justo e igualitario.**

El rock encumbró a una generación rebelde que cuestionaba y provocaba a la autoridad. En cuanto al folk, su sonido acústico y letras introspectivas fueron la voz de los que buscaban un mundo más pacífico y justo, mientras que la emotividad del soul, con su ritmo contagioso, se convirtió en la máxima expresión musical de la comunidad afroamericana y la lucha por la igualdad de derechos con artistas como Aretha Franklin, James Brown y Otis Redding.

Por aquel entonces, el desarrollo tecnológico permitió incorporar mejores juegos de luz y sonido para fiestas, conciertos y festivales masivos (como Woodstock) que se convirtieron en símbolos de la unión y expresión juvenil; el espíritu de "libertad" inundó el planeta y ello se reflejó en la manera en la que se empezó a crear y consumir la música.

EL ROCK SE VOLVIÓ "BLANCO"

Si le preguntan a 100 personas por su banda de rock favorita, podría apostar a que una rotunda mayoría diría el nombre de una banda conformada por blancos. ¿Cómo ocurrió esto si, como hemos visto, gran parte de los géneros musicales fueron creados por negros? Hasta inicios de los cincuenta, las principales figuras del rock eran negras, pero ello cambiaría con el paso de los años y su influencia en artistas como Elvis Presley, Buddy Holly o Jerry Lee Lewis.

En Inglaterra el movimiento se consagró con The Rolling Stones, The Kinks y The Beatles, cuya popularidad terminaría sepultando a los artistas afroamericanos, pues con la llamada "invasión británica", la mayoría de fans del rock, que tenían dinero para comprar discos y boletos para conciertos y festivales, eran personas blancas, lo que provocó que disqueras y medios de comunicación reforzaran el perfilamiento de la música a través de temas raciales, asociando el término con artistas blancos, estadounidenses y británicos. Es por ello que, muy probablemente, cerca de un 90% de las bandas que nos vienen a la cabeza cuando pensamos en rock sean blancas.

DEL PIANO A LA ELECTRÓNICA

Uno de los grandes inventos en los sesenta fue el trautonium, un gran piano —predecesor del sintetizador— que se conectaba a la energía eléctrica, que además contaba con **un gran panel de botones que podían crear sonidos únicos y que, curiosamente, no fue inventado por un músico, sino por un físico,** el alemán Friedrich Trautwein, en un laboratorio de experimentación radiofónica en los treinta. Sin embargo, pasarían muchos años para que su invento se convirtiera en una herramienta musical, y este paso lo debemos a Oska Sala, quien mejoró el trautonium e incluso lo utilizó para componer algunas piezas y sonidos para películas, llegando a trabajar con Alfred Hitchcock en la mezcla de sonido de pájaros para la película *Los pájaros* (The Birds).

Paralelamente, en Estados Unidos, Robert Moog se encontraba experimentando con un piano, que también conectaba a la energía eléctrica con el fin de encontrar sonidos que no pudieran ser producidos por

instrumentos convencionales, y en 1964 presentó su primer sintetizador, el cual se convirtió en el instrumento más revolucionario de los últimos tiempos, influyendo a grupos como Kraftwerk, cuyos integrantes lo usaron en 1974 en el álbum *Autobahn*, pasando por otras bandas como Depeche Mode, New Order, y un sinfín de artistas, proyectos y DJ que han formado parte de lo que llamamos música electrónica.

LA ÉPOCA DISCO, MOTOWN Y EL NACIMIENTO DEL HIP HOP

Mientras el rock dominaba la escena musical mainstream en los sesenta, otro movimiento musical vibrante florecía en Detroit, Michigan: el motown, cuyo nombre se debe al mote de "La Ciudad Motor", acuñado a Detroit por ser el sitio en el que se fundaron las principales fábricas de autos norteamericanos.

Los blancos podían haberse adueñado del rock, pero no del espíritu de la música. Artistas como Diana Ross, Marvin Gaye, Stevie Wonder y The Supremes desafiaron las barreras raciales con su contagiosa mezcla del soul, R&B y pop, convirtiéndose en un fenómeno que marcó toda una época, gracias a la visión de Berry Gordon, fundador de Motown Records.

A finales de los sesenta y principios de los setenta, el sintetizador también jugaría un papel fundamental en la música disco, que ha sido retratada de manera muy glamourosa en series y películas, pero que en realidad surgió como un espacio seguro para minorías que vivían en la discriminación: homosexuales, latinos, afroamericanos y migrantes europeos se encargaban de reunirse, bailar y crear nuevos ritmos y sonidos, mientras el mainstream encumbraba el rock.

Estas fiestas ocurrían de manera clandestina, pero como todo fenómeno musical y cultural,

73

el boca a boca comenzó a correr sin control; la combinación de música a todo volumen, luces, estrobos, pistas de baile (y drogas) terminaron por generar una subcultura que en poco tiempo se convertiría en uno de los mayores hitos artísticos y culturales impulsando artistas como los Bee Gees, Donna Summer, Chic, Kool & The Gang, Diana Ross y The Jackson 5. Se puso de moda el Studio 54, un club nocturno donde celebridades y artistas —como Andy Warhol— se daban cita, formando parte de la llamada "revolución sexual", que aunque comenzó desde los sesenta, tuvo un importante impacto en la música y el cine de los setenta, por ejemplo, con películas como *Saturday Night Fever*.

Pero el mayor legado que dejó esta época fue, sin lugar a duda, la cultura de la tornamesa que, con el paso del tiempo, terminó dando vida al hip hop. Esto ocurrió en 1973, de la mano de DJ Kool Herc y Cindy Campbell.

El hip hop es otro de los géneros cuyo nombre no obedece a un estilo, sino al segmento social que lo creó: artistas callejeros marginados en comunidades afroamericanas y latinas del Bronx que combinaron elementos de la música disco, funk, jazz y una latencia rítmica vocal para contar historias de la vida urbana (lo que ahora conocemos como M.C.).

Un dato curioso, y que no se sabe mucho, es que el término hip hop proviene de un polo completamente opuesto a lo que representa, pues si bien se ha establecido como una cultura innovadora y emergente que va mucho más allá de la música (la vemos en el arte, moda y formas de vida), las sílabas "hip" y "hop" fueron utilizadas originalmente por Keith "Cowboy" Wiggins, integrante de Grandmaster Flash and the Furious Five, para burlarse de un amigo que se unió al ejercito de los Estados Unidos, describiendo el sonido de la marcha de los soldados como "hip, hop".

LA CULTURA DE LA TORNAMESA Y SU LEGADO

Los DJ utilizaban tornamesas para samplear, mezclar y crear nuevos ritmos a partir de canciones existentes, dando lugar a una forma de expresión musical única e innovadora, sentando las bases para la producción musical moderna. Hoy en día, la tornamesa sigue teniendo una influencia importante no solo para el hip hop, sino para una gran variedad de géneros musicales.

DISCO DEMOLITION NIGHT

El éxito de la música disco y la efervescencia por el hip hop llevaron a nuevas tensiones raciales, impulsadas por los fanáticos (blancos) del rock, que veían cómo la popularidad del disco comenzaba a "robarles espacios". Algo parecido a lo que ocurre hoy en día con el reguetón y el urbano, que pone a los "rockeros" algo rancios.

En 1979 el mercado estadounidense estaba dividido en "rockeros" contra "disqueros", una cruzada liderada por un locutor de radio llamado Richard Dahl, quien convenció a la directiva de los Chicago White Sox —el equipo de beisbol menos popular de la ciudad de Chicago— a organizar en su estadio una noche en la que todos los fanáticos del rock pudieran destruir vinilos de los artistas más destacados de la música disco.

En ese entonces los White Sox atravesaban una de sus peores rachas (y eso que llevan varias), así que vieron en este ejercicio la oportunidad de atraer fanáticos a las gradas de su estadio, poniendo una promoción en la que todos aquellos que llevaran un disco para destruir, podrían entrar al estadio pagando tan solo 98 centavos de dólar.

La idea de Dahl y de los White Sox era que llegarían mil o 2 mil personas, les recogerían los discos en la entrada del estadio y posteriormente los detonarían con explosivos.

Sin embargo, no llegaron mil ni 2 mil personas, sino más de 50 mil y por supuesto fue un caos, pues el personal del estadio nunca pudo recolectar todos los discos, y muchos de ellos terminaron volando sobre el terreno de juego durante el partido de los White Sox, el cual tuvo que ser suspendido, luego de que decenas de personas invadieran el terreno de juego, provocando la intervención de la policía antimotines. Algo así como la batalla de emos vs. punks en la Glorieta de Insurgentes, pero a gran escala.

Desgraciadamente, este evento terminó por influir directamente en el impacto y popularidad de la música disco que para los ochenta había "pasado de moda", no sin antes dejar una clara influencia en los ritmos y sonidos que vendrían después.

EL POP SE HIZO CANON

Si los sesenta fue el rock y en los setenta la música disco, la cronología natural nos llevaría a afirmar que los ochenta fue la década del pop. Michael Jackson, Madonna, Wham!, Cindy Lauper y Prince son tan solo algunos de los artistas más icónicos que ayudaron a construir la definición que conocemos de pop hoy en día.

Aunque el pop existió desde siempre. La palabra "pop" es la abreviatura de popular (en inglés) y se utilizó por primera vez en los años cincuenta. Irónicamente, de los sesenta a los ochenta, el rock fue la base del pop, que posteriormente navegó o tomó elementos de otros géneros como la

electrónica, el rap y el R&B
en los noventa y la primera
década del siglo XXI como
nos lo mostraron las Spice
Girls, TLC, Britney Spears,
o BackStreet Boys.

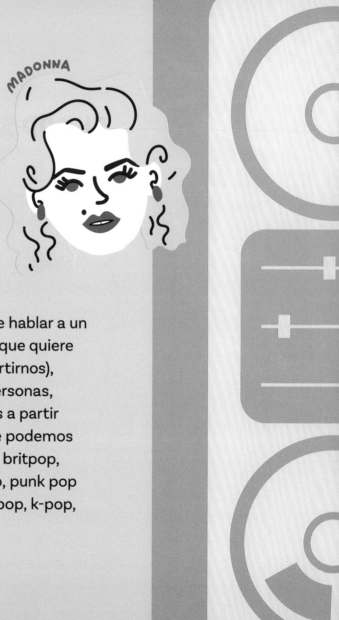

El pop por sí solo es un
supergénero, cuya fuerza
radica en la inclusión.
Contrario a otros géneros o
subculturas, el pop no le quiere hablar a un
nicho o a una subcultura, sino que quiere
simplemente divertirse (y divertirnos),
ser accesible para todas las personas,
sin barreras ni vergüenzas, y es a partir
de su apertura y mestizaje que podemos
acceder a subgéneros como el britpop,
synth pop, disco pop, rock pop, punk pop
y, recientemente, el bedroom pop, k-pop,
j-pop y muchos más.

¿QUÉ ES LO QUE HACE QUE UNA CANCIÓN SEA POP?

Si recordamos que "pop" viene de lo "popular" nos daremos cuenta de que el pop no es un sonido, sino que se trata de canciones con estructuras claras, sencillas y fáciles de memorizar para que "sean pegajosas" y las terminemos cantando todo el tiempo. Esto es lo que hace de este género una fuerza comercial que, combinada con una gran imagen visual (gracias, MTV), coreografías y estética, se convierte en uno de los géneros económicamente más redituables que existen en el universo.

Es por ello que muchos de los géneros "nuevos" o "contemporáneos" derivan del pop.

BRUNO MARS

¿QUÉ ES?... BRITPOP

Un subgénero que nació en el Reino Unido a inicios de los noventa y que combinó los mejores elementos de la música británica, como la escena de "Madchester" (bandas alternativas provenientes de la ciudad industrial de Mánchester, en los ochenta), el alternativo y el pop, cuyas características eran canciones que celebraban la vida cotidiana, la identidad británica y cultura pop de aquellos días.

LIAM GALLAGHER

NOEL GALLAGHER

Bandas icónicas: Oasis, Blur, Pulp, The Verve, Lush, Supergrass, Radiohead.

Canciones: Se dice que "The Drowners" de Suede fue la primera canción del britpop. También temas como "Popscene" de Blur, "There She Goes" de The La's, "Wonderwall" de Oasis y "Bitter Sweet Simphony" de The Verve engloban esta emotiva etapa musical de los noventa.

¿QUÉ ES?... SYNTH POP

Nace en los sesenta con la invención de los sintetizadores, los cuales figuran como uno de los instrumentos principales de cada melodía, que suelen ser pegajosas, románticas y "futuristas".

Bandas icónicas: Pet Shop Boys, Erasure, OMD, New Order y The Human League.

Canciones: "Star Collector" de The Monkeys se considera una de las primeras en utilizar un sintetizador, pero tal vez no sea tan memorable o popular como "Enola Gay" de Orchestral Manouvers in the Darkness o "Enjoy the Silence" de Depeche Mode. También están "Take on Me" de A-ha o "Don't You Want Me" de The Human League.

¿QUÉ ES?... PUNK POP

Fresa, pero rocker rocker, pero delicado. Una mezcla de la energía y rebelión del punk con la dulzura y coros pegadizos del pop, que habitualmente suelen enfocarse en temas juveniles y de adolescencia.

Bandas icónicas: Weezer, Blink 182, Green Day, Paramore y, más recientemente, Mannesquin.

Canciones: "All the Small Things" de Blink 182, "Self Esteem" de The Offspring, "The Middle" de Jimmy Eat World, "Basket Case" de Green Day.

¿QUÉ ES?... K-POP

K-pop no es otra cosa más que una abreviación en inglés de pop coreano. Más que un género, podríamos decir que es una industria, pues la base son agencias de talento que reclutan a aspirantes de estrellas pop desde edad temprana. Tras ello, los entrenan en baile, canto y performance para convertirlos en "idols", que es el estatus que alcanzan cuando están listos para formar parte de alguna banda.

Bandas icónicas: BTS, Twice y Super Junior.

Canciones: Aunque pensamos que el k-pop se creó en el siglo XXI, el primer registro musical de este género data de 1992 y se atribuye a Seo Taiji and the Boys, con su canción "I Know". Recientemente, canciones icónicas como "Ddu-Du Ddu-Du" de Blackpink o "Spring Day" de BTS se han convertido en clásicos, pero ninguno ha alcanzado el nivel del "Gangnam Style" de PSY.

¿QUÉ ES?... J-POP

Con una fantasía de espíritu cosmopolita, contraria al hermetismo japonés, el j-pop ha tenido un crecimiento meteórico en las últimas décadas gracias a sus coreografías perfectas, outfits que son la definición de lo "aesthetic" cargadas de colores pastel y coros pegadizos... Son millones de reproducciones que valúan al j-pop como una de las cinco industrias musicales más valiosas del mundo. Es representada por los idols y los vocaloids o cantantes digitales, que son creados por una tecnología capaz de sintetizar voces artificiales que logran cantar con tan solo introducir una letra y una melodía.

Bandas icónicas: Hatsune Miku es la vocaloid más importante de Japón. Por otra parte AKB48 es una de las bandas de idols más exitosas, y cuenta en su palmarés con el Récord Guinness de la banda de pop con más integrantes, obtenido en 2013 (a la fecha, más de 330 chicas han participado en el proyecto desde 2005).

Canciones: "Edison" de Wednesday Campanella, "Superpower" de Sirup, "Koisuru Fortune Cookie" de BNK48 y, por supuesto, "Miku" de Anamanaguchi ft. Hatsune Miku.

¿QUÉ ES?... BEDROOM POP

El bedroom pop surge de la mano de la evolución tecnológica, la cual permite que hoy en día cualquier persona pueda grabar una canción en su propio cuarto y sin necesidad de tener siquiera un instrumento. Sin embargo, eso no la hace fría, superficial o distante; por el contrario, el éxito del bedroom pop obedece a la calidez y honestidad que transmite, y porque posee un entorno íntimo, tranquilo y amigable, así como letras melancólicas y sonido vintage, llegando incluso a rayar en lo analógico.

Bandas icónicas: Clairo, Baebadoobee, Rex Orange County, Girl in Red o Dayglow.
Canciones: "Sofia" de Clairo, "Black Dog" de Arlo Parks, "The Perfect Pair" de Beabadoobee, "Can I Call You Tonight?" de Dayglow.

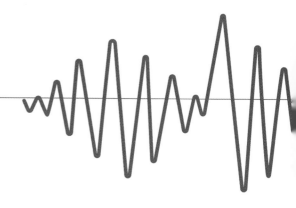

DAVID BOWIE

SIN ROCK NO HAY POP (Y VICEVERSA)

Pareciera que son universos alternos, polos opuestos, agua y aceite, Real Madrid y Barcelona, Marvel y el cine de arte... Pero, en realidad, sin el rock no existiría el pop, y viceversa.

Así lo afirman los resultados de un estudio realizado en 2015 por un grupo de académicos británicos del Queen Mary e Imperial College, en el que examinaron científicamente más de 17 mil canciones que integraron el Hot 100 de Billboard entre 1960 y el 2010, con el fin de encontrar las grandes revoluciones de la música contemporánea.

¿La primera? Se dio en los sesenta y fue puntualmente en 1964, cuando el rock y las guitarras de los Beatles, los Kinks y los Rolling Stones dieron pie al pop que conocemos hoy en día.

De acuerdo con los académicos, la popularidad que alcanzaron estos grupos provocó que el inconsciente colectivo se abriera a escuchar canciones con voces "menos delicadas" y guitarras más agresivas.

Sin embargo, el rock siempre ha sido un género de conciencia y protesta social, desde las insinuaciones sexuales (impropias para la época) de Elvis Presley o Jimmy Lloyd, hasta los artistas y canciones que enmarcaron las protestas sociales de los sesenta.

El rock es el género que desafía al ala más conservadora y privilegiada de la sociedad. Incluso, desde su nacimiento, desafió a las normas sociales y dio voz a los que no tenían una para abanderar un discurso de libertad y rebeldía, dando pie a otros subgéneros como el punk, heavy metal, grunge, alternativo y hasta el indie. Éste último dominó la primera década del milenio y, más que un sonido, es la ideología de hacer todo de manera "independiente", un movimiento que permeó más allá de la música con el surgimiento de las startups y la cultura del emprendimiento.

¿EL REGUETÓN ES EL NUEVO ROCK?

Pocas cosas pueden irritar tanto a un boomer o a un milenial como someterlos a una buena dosis de reguetón. Vaya, son capaces de sacar frases que nuestras madres utilizaban cuando poníamos nuestros discos de Nirvana, Def Leppard o Pearl Jam: "¿Eso es música?", "Qué cosas tan feas dicen", "¿Y eso se atreven a cantarlo en voz alta?".

Pero ¿cómo surge el reguetón y por qué se ha convertido en el sonido más reconocido de la segunda década del siglo XXI?

JAMAICA: LA POTENCIA MUSICAL DE LA QUE NADIE HABLA

BOB MARLEY

Son el Brasil del futbol, el Francia de la repostería, el México de los tacos y el Japón de la tecnología. Pero pocos hablan y dan crédito de la aportación musical que nos ha dado Jamaica. En los cuarenta, crearon el ska con su ritmo rápido, alegre, instrumentos de viento y la guitarra. El ska es intenso, tan intenso que ni los propios jamaiquinos pudieron mantener el ritmo, por lo que para la década de los cincuenta, el ska comenzó a ser un poco más lento, dando lugar a un nuevo estilo llamado rocksteady, mucho más íntimo, relajado y con una mayor influencia del soul estadounidense, sentando las bases rítmicas del reggae, que encontraría su base en el "one drop beat", que no es otra cosa más que el énfasis rítmico que cae en el tercer beat de cada compás. Por ejemplo: en "Is This Love", de Bob Marley, el énfasis rítmico cae en el "love" del coro: "Is this LOVE, is this LOVE ...".

Con líneas de bajo más prominentes y la innegable influencia del movimiento rastafari, nació el reggae con ritmos más complejos y letras más conscientes social y espiritualmente. ¿La primera canción de reggae que se acredita en la historia?: "Say What You're Saying" de Erick Morris, que llegó en 1967.

Al igual que como ocurrió con el "nacimiento del rock" el siglo pasado, el reguetón surge como consecuencia de fenómenos políticos y sociales. Algo que no creeríamos que está relacionado con la música es el canal de Panamá, el cual fue construido para unir el océano Atlántico con el Pacífico y así reducir los tiempos y distancia de navegación marítima, recortando los más de 15 mil kilómetros que las embarcaciones tendrían que recorrer para rodear Sudamérica a tan solo 65 kilómetros para cruzar de un océano al otro.

El canal de Panamá estuvo controlado por Estados Unidos entre 1903 y 1979, lo que provocó la llegada de miles de migrantes jamaiquinos y caribeños, quienes se asentaron en el barrio de Río Abajo, una zona popular en donde se escuchaba reggae y el dancehall. Con el paso del tiempo, los migrantes comenzaron a traducir las letras de las canciones de estos géneros al español y las fueron adaptando a su vida cotidiana.

PERREO DEMBOW

El primer bosquejo de lo que hoy conocemos como reguetón surgió en 1985, cuando el panameño Renato compuso "La chica de los ojos café", una canción que musicalizó la telenovela *Esa muchacha de ojos café* y se convirtió en el primer éxito del reggae en español, y en el primer eslabón en la cadena del reguetón.

El segundo llegó de la mano de El General con "Tu pun pun" y, por supuesto, el exitazo internacional "Te ves buena".

Las letras hipersexuales, así como la violencia que se vive en los barrios marginados, culminó con la expansión del "reggae en español" a otras islas del Caribe, como Puerto Rico, donde se originaron fiestas clandestinas en discotecas, como la llamada "The Noise", que recibió ese nombre luego de ser clausurada en varias ocasiones por el gobierno y la policía de San Juan.

Este fue el lugar que vio nacer a Daddy Yankee —cuya canción "Gasolina" es reconocida oficialmente como la primera canción de reguetón—, así como a otras grandes figuras del género como Tego Calderón, Nicky Jam y Wisin & Yandel.

LÍNEA DE TIEMPO DEL REGUETÓN:

⇨ **1985.** Renato y "La chica de los ojos café".

⇨ **1990.** El General y "Tu pun pun".

⇨ **2002.** Tego Calderón logra colar el video de "Cosa buena" en la programación de Telemundo, en Estados Unidos. Como nota curiosa, Tego empezó tocando heavy metal cuando era niño, en Puerto Rico.

⇨ **2004.** Daddy Yankee edita "Gasolina", la primera canción acreditada oficialmente como reguetón y considerada una de las mejores 500 canciones de todos los tiempos según la revista *Rolling Stone*.

⇨ **2017.** La colaboración de Luis Fonsi con Daddy Yankee para "Despacito" abre el espectro de audiencia para el reguetón y el video de la canción supera las mil millones de reproducciones en YouTube a solo tres meses de su lanzamiento.

2019. De nueva cuenta, la política se cruza con la cultura. Así como el rock en los sesenta fue la música de protesta, en el 2019 el periodista puertorriqueño Jorge Rivera anunciaba la llegada del reguetón para todo el mundo con la frase "El perreo intenso acaba de comenzar", la cual describe la fuerza de las manifestaciones civiles frente a La Fortaleza, sede del gobierno en Puerto Rico, que culminaron con la renuncia del entonces gobernador Ricky Rosselló, dejando a su paso canciones de protesta, como la de "Afilando los cuchillos", de Bad Bunny y Residente, cuya letra dice:

Eres un corrupto que de corruptos coges consejos
arranca pa'l carajo y vete lejos
Y denle la bienvenida a la generación del "Yo no me dejo".

La generación del "Yo no me dejo" se ha vuelto clave en la popularidad del trap y el reguetón, aunque curiosamente el origen tenía connotaciones homófobas gracias al "dembow".

El dembow es la palabra coloquial con la que se le conoce al ritmo o la base del reguetón; su origen viene del "Them Bow", que quiere decir "ellos se inclinan". A finales de los ochenta, inicios de los noventa, esta frase se utilizaba para denigrar a los hombres homosexuales.

El primer artista en usar este ritmo fue Shaba Ranks, con su canción "Dem Bow", cargada de homofobia y anticolonialismo; la letra dice algo así como "Libertad para la gente negra, eso quiere decir que los opresores se inclinan. Si odias a tu hermana negra, te inclinas. Si agravias a tu hermano negro, te inclinas". En ese momento, Ranks pensaba que un buen insulto para el opresor era tacharlo de homosexual.

Posteriormente, artistas como Nando Boom tomaron el dembow para crear canciones con una importante carga política, como "Nos llaman inmigrantes", en la cual canta: *Nos llaman inmigrantes porque vivimos en América, porque tenemos pasaporte y visa... Cubanos, estamos en América... Colombianos, estamos en América... Panameños, estamos en América... Cubanos, estamos en América... Colombianos, estamos en América... Y entre amigos, entre hermanos, tenemos que unir... Derrotemos el racismo, tenemos que luchar...*

Otra canción que cimbró el reguetón como un sonido de protesta y justicia social fue "Censurarme", publicada por Eddie Dee en el 2003 contra la campaña de criminalización dirigida por las autoridades puertorriqueñas hacia los seguidores del reguetón. Las autoridades lograron confiscar discos y casetes y clausuraron discotecas del género, pues argumentaron que las letras eran demasiado explícitas respecto al sexo, al crimen y la violencia.

La letra de "Censurarme" contiene estrofas como:

Muchos me miran como si yo fuera un tipo sin arreglo
Como si nunca antes hubieran visto un negro
Como si fuera un delincuente
Como si con el lápiz y con mi libreta yo matara gente
Pal carajo los que nos critican
Esta es la música con que los jóvenes se identifican
Censurarme por ser rapero
Es como censurar un pueblo entero.

Han pasado casi cuarenta años del lanzamiento de "La chica de los ojos café" de Renato y veinte desde la "Gasolina" de Daddy Yankee. El prejuicio contra el reguetón persiste, pero si ponemos atención y contrastamos con el rock que se hace hoy en día, nos daremos cuenta de que la verdadera música de protesta no se hace con guitarras, sino en las calles.

IV

ENTRE VERSOS Y VINILOS:
el arte en letras y portadas

Ese rolón que le dedicaste a tu crush de la secu ¿es en realidad una canción de cuna? La música tiene una manera única de tocar nuestras vidas, llevando consigo significados que a menudo damos por sentado o que simplemente interpretamos de acuerdo a nuestras propias experiencias. Pero ¿realmente esa canción dice lo que crees?

Muchas de las canciones que parecen alegres y que acompañan momentos felices y de celebración en realidad esconden o camuflan historias de abuso, violencia y mucha ironía, lo que nos recuerda que la música, como cualquier forma de arte, es subjetiva.

¿EL SIGNIFICADO DE UNA ROLA SE LO DA EL ARTISTA O EL PÚBLICO?

En esta vida hay tres cosas seguras: naces, creces y seguramente cantarás y bailarás canciones que parecen alegres, divertidas, pero cuyo significado es completamente opuesto. Veamos algunos ejemplos.

"EL APAGÓN" • YURI

"El apagón" fue uno de los primeros grandes éxitos en la década de los noventa, pero no fue sino hasta entrado el siglo XXI que muchos nos percatamos que esa alegre y divertida canción, en realidad relata un incesto:

Con el apagón... qué cosas suceden
Qué cosas suceden... con el apagón
Me quedé muy quietecita
En aquella terrible oscuridad

Y una mano, ¡ay! Ligerita
Me palpó con confianza y libertad
Si el peligro estaba arriba
Acá abajo la cosa andaba peor
Fue tan fuerte la ofensiva
¡Ay!... Qué me sucedió

Y sin ver al enemigo en aquella
terrible oscuridad
Me quitaron el abrigo
El sombrero y... ¡qué barbaridad!
Yo pensaba en el castigo
Que a aquel fresco
Enseguida le iba a dar
Cuando encendieron las luces
¡Ay!... era mi papá

Aunque muchos quisieron cancelar a Yuri, la canción fue escrita por Manuel Esperón y Ernesto Cortázar en 1937 y popularizada por Gloria Marín en su interpretación para la película *Qué hombre tan simpático*, protagonizada por Fernando Soler.

"LA MACARENA" • LOS DEL RÍO

Otra de esas canciones que todos hemos bailado con singular alegría (y "cosa buena") es "La Macarena", de 1993 y original de Los del Río, y que cuenta con más de 4,700 versiones diferentes a la fecha, incluida aquella que llegó al Super Bowl xxxi de 1997 y la que recreó Bad Bunny para *Vogue* en el 2021.

Como dato curioso, la versión original de "La Macarena" se llamaba "Magdalena", pero tuvo que ser modificada toda vez que el cantante mexicano, Emmanuel, tenía ya para entonces un éxito con ese nombre.

Y ¿de qué trata "La Macarena"? A primera vista de "dar a tu cuerpo alegría y cosa buena", pero en el fondo es una canción que narra un trío sexual:

Macarena tiene un novio que se llama
Que se llama de apellido Vitorino
Y en la jura de bandera del muchacho
Se la dio con dos amigos

La versión en inglés que dio la vuelta al mundo cuenta con la colaboración de los Bayside Boys, quienes ajustaron la letra para volverla una canción de infidelidad:

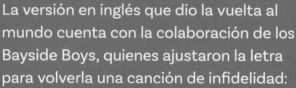

Macarena tiene un novio que se llama
Que se llama de apellido Vitorino
Y cuando él se fue para unirse a la marina
Ella se la pasaba dando con sus dos amigos.

Lo que es cierto es que si te apellidas Vitorino y tuviste una ex que se llamaba Macarena... ¡amiga, date cuenta!

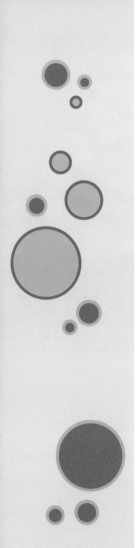

"LIKE A VIRGIN" • MADONNA

Desde su irrupción en la escena musical en los años ochenta, Madonna ha utilizado su plataforma para derribar tabúes y empoderar a las mujeres y a las minorías, como la comunidad LGBTQ+, abordando temas que la han convertido en un ícono de la liberación sexual.

Es por ello que no sorprende que millones de personas asumamos que "Like a Virgin" relata un encuentro sexual. No obstante, el propio compositor Billy Steinberg ha relatado que la canción dista mucho de ello y que, en realidad, trata sobre la conexión emocional de enamorarse una vez más y el efecto de sentirse renovado, limpio y sin heridas emocionales.

Básicamente, el "volver a ser virgen" del "te quiero como amigo".

MADONNA

"CAN'T FEEL MY FACE" • THE WEEKND

¿Es esta una de las canciones de amor más cursis y apasionadas de los últimos años? Al escuchar la pegajosa melodía y el romántico coro que repite *I can't feel my face when I'm with you, but I love it* una y otra vez, antecedido de la frase *she'll always get the best of me*, nos damos cuenta de por qué tantas personas la han dedicado a su crush como una declaración de amor.

Sin embargo, "ella" en la canción no es una persona, sino una metáfora de las drogas como la cocaína, y ese coro tan cursi, se refiere a los efectos entumecedores y eufóricos del consumo de sustancias.

The Weeknd es conocido por explorar temas oscuros y personales en su música, y este es un ejemplo de cómo una canción puede tener múltiples significados, como un "chanclazo" de los que a cada rato lanzaba nuestra mamá para apurarnos a recoger el cuarto... *I can't feel my face when I'm with you.*

"I WILL ALWAYS LOVE YOU" • WHITNEY HOUSTON

Si creciste en los noventa, seguramente te azotaste cantando "la del guardaespaldas", de Whitney Houston, mientras tus tías babeaban por Kevin Costner.

Pero ¿qué pasaría si te dijera que esta canción no está dedicada a una persona, sino a un trabajo?

En efecto, "I Will Always Love You" fue escrita en 1973 por la maravillosa Dolly Parton para despedirse y agradecer la relación profesional que tuvo con Porter Wagoner, quien fue su mentor y la persona que le dio una de sus primeras oportunidades en televisión en *The Porter Wagoner Show*.

Tras cinco años compartiendo pantalla, Dolly Parton decidió que estaba lista para perseguir su propia carrera, una decisión que molestó a Porter Wagoner y que rompió esa relación laboral por completo.

Así que Dolly Parton hizo lo que mejor sabe hacer, escribir una canción para agradecer la oportunidad y despedirse de su trabajo con cariño, gratitud y buenos deseos. #MiPrimeraChamba.

"WAKE ME UP WHEN SEPTEMBER ENDS" • GREEN DAY

Y de los noventa, pasamos a los dosmiles con esta canción de Green Day que —por alguna razón— se ha convertido en una de las rolas con más carga social del siglo XXI.

Primero, fue dedicada a las víctimas del huracán Katrina que azotó a Estados Unidos en el 2005, pero, al mismo tiempo, ha sido utilizada también para recordar a las víctimas de los atentados terroristas del 11 de septiembre del 2001 en Nueva York.

En el video oficial se muestra la historia de una familia rota por la guerra de Irak, lo que también la convirtió en una canción del movimiento pacifista.

"Wake Me Up When September Ends" es en realidad una canción de pérdida y duelo. Billy Joe Armstrong, líder y vocalista de Green Day, la escribió al recordar el trauma que sufrió tras la muerte de su padre, víctima de cáncer, el 10 de septiembre de 1982.

El propio Armstrong compartió que el título de la canción es una frase que surgió cuando en el funeral de su padre salió corriendo en llanto para encerrarse en su cuarto, y cada vez que su mamá tocaba la puerta, simplemente respondía "Wake me up when September ends".

Irónicamente cada 1 de octubre las redes sociales se llenan de memes para que nadie se olvide de "despertar a Billy Joe", asumiendo que la canción trata de echar la flojera durante un mes.

"PUMPED UP KICKS" • FOSTER THE PEOPLE

Esta es una de las canciones que marcó la primera década del nuevo milenio. Una canción alegre, pegajosa y hasta cierto punto básica del indie pop, aunque su significado es mucho más oscuro y perturbador de lo que creemos, pues cuenta la historia de un adolescente conflictuado, que busca venganza y está dispuesto a tirotear a sus compañeros de la escuela.

Robert's got a quick hand
He'll look around the room, but won't
tell you his plan
Yeah, he found a six-shooter gun
In his dad's closet, and with a box
of fun things
I don't even know what
But he's coming for you, yeah,
he's coming for you

La letra está narrada desde la perspectiva de un joven atormentado de nombre Robert, quien describe sus pensamientos y sentimientos mientras planea una venganza.

La frase del coro *All other kids with the pumped up kicks, you better run, better run faster than my bullet* se refiere a los tenis lanzados por Reebok en los noventa que contenían una válvula que los inflaba y los hacía más "dinámicos", y en el contexto de la canción representan a los compañeros del salón del protagonista, quienes serán blanco de su frustración y resentimiento.

Sobra decir que la canción fue un éxito, pese a ser vetada por MTV y posteriormente de la radio en Estados Unidos tras el tiroteo ocurrido en la escuela Sandy Hook en el 2012.

Pese a lo traumático de la letra, la canción es alegre, pegajosa y nos muestra como un rito atractivo puede encapsular un mensaje serio y estremecedor.

"YOU'RE BEAUTIFUL" • JAMES BLUNT

Otra de esas canciones que definió la primera década del presente siglo fue "You're Beautiful", de James Blunt, que fue la balada romántica más popular del 2005. Utilizada para pedidas de mano, bodas y declaraciones de amor, "You're Beautiful" es, en realidad, la historia de un acosador que todos los días va al metro para ver a la mujer de la que está enamorado. ¿Romántico? Puede ser. ¿Creepy? ¡Definitivamente!

"HASTA QUE ME OLVIDES" • LUIS MIGUEL

En sus mejores momentos, Luis Miguel tenía para dar y repartir. Así que no vamos a hacernos los exquisitos y pretender que solo escuchamos "música cool".

Escrita por Juan Luis Guerra, "Hasta que me olvides" es una de las canciones más socorridas del desamor y una de las más emblemáticas de Luis Miguel.

El significado de la canción gira en torno a la tristeza y añoranza de un amor perdido al que el protagonista promete seguir amando y recordando hasta que logre olvidarlo, un amor que el propio Luis Miguel no ha dedicado a un romance en específico, sino a su desaparecida madre.

TÉ PARA TRES • SODA STEREO

El número tres y algunas de las frases de esta canción podrían hacernos pensar que se trata de una infidelidad; sin embargo, "Té para tres" relata un encuentro de Gustavo Cerati con sus padres, Juan José y Lilian, poco después de que le detectaran un cáncer terminal a su papá.

"Estábamos Gustavo, mi marido y yo, teníamos el último análisis que iba a confirmar la enfermedad y el estado en el que estaba. La verdad, los resultados eran muy negativos. Estábamos los tres y yo no pude sostenerme", relató Lilian Clark, madre de Gustavo Cerati, en una entrevista que dio sentido a la letra *Te vi que llorabas, te vi que llorabas, por él...*

"MANDY" •
BARRY MANILOW

Aunque hay muchas teorías que dicen que este baladón de Barry Manilow estuvo inspirado en su perro, en realidad la canción fue escrita por el escocés Bunny Walters bajo el nombre "Brandy".

Sin embargo, Manilow la tomaría, le haría algunos grandes arreglos y la convertiría en su primer éxito en la década de los setenta. Una canción de amor que, por alguna razón, se convirtió en una rola de desprecio al ser utilizada por la policía de Nueva Zelanda en el 2022 para dispersar a los grupos antivacunas que protestaban en las calles de Wellington. Una cosa es querer mantener el orden, pero acaso poner Barry Manilow a todo volumen una y otra vez ¿no califica como acto de tortura?

"COFFE & TV" • BLUR

Es imposible pensar que esta canción, cuyo video dio la vuelta al mundo en la era de MTV y es catalogado como uno de los mejores videos musicales de toda la historia gracias a Milky, la tierna lechita de cartón que recorre las calles del Reino Unido en busca de su mejor amigo, oculta un significado mucho más crudo de lo que pensamos.

A diferencia del resto de las canciones incluidas en 13, las cuales fueron compuestas por Damon Albarn, "Coffee & TV" es la única canción de todo el disco que fue escrita y cantada por Graham Coxon.

Y aunque podríamos pensar que la canción es sobre echarse un cafecito con leche (por aquello del video) mientras vemos la televisión, en realidad, "Coffe & TV" fue inspirada por el alcoholismo que atravesaba Coxon a finales de los noventa, cuando Blur se encontraba en la cúspide del britpop y las fiestas nunca terminaban.

Así que el mecanismo que ayudó a Graham Coxon a dejar a un lado el alcohol fue simplemente sentarse en su casa, tomar café, ver televisión y componer canciones.

Por fortuna, nadie le habló del carajillo o el café irlandés, permitiendo que Coxon escribiera una de las grandes canciones en la historia de Blur, aunque la duda que nos deja es ¿se vale decir salud con una taza de café?

EL ARTE VISUAL DE LA MÚSICA: UN RECORRIDO POR LAS PORTADAS MÁS FAMOSAS DE LA HISTORIA

Las portadas de los discos tienen el poder de permanecer en la memoria colectiva, casi igual —o en ocasiones más— que la propia música que nos presenta.

Dicen por ahí que un buen disco siempre es acompañado de una buena tapa, pero ¿qué es lo que hace que una portada sea icónica? ¿El arte que muestra? ¿Las canciones que amamos y que relacionamos con esa imagen? ¿Qué es lo primero que viene a la mente cuando piensan el *Nevermind* de Nirvana o el *Dark Side of the Moon* de Pink Floyd: las canciones o la portada?

Mercadológicamente hablando, las portadas de los discos son simplemente el empaque de un producto, pero para nosotros los fanáticos, esas portadas significan la intersección de los sentidos: una imagen que atraviesa nuestros ojos y que cognitivamente relacionamos con el sonido y concepto de un artista. Pero ¿cómo es que dichas imágenes se relacionan con la música o incluso terminan siendo parte del concepto detrás de un artista y su legado?

Como todo gran invento, las portadas de los discos obedecen a un accidente o, como dicen por ahí, a estar en el lugar correcto, en el momento correcto. En 1939, un joven de 23 años llamado Alex Steinweiss consiguió un trabajo como ilustrador en Columbia Records con la misión de diseñar carteles y espectaculares para anunciar los lanzamientos del sello.

Una mañana, camino a su oficina, Steinweiss se encontró frente al Teatro imperial de Nueva York. Mientras esperaba el semáforo para cruzar, miró hacia arriba, vio la marquesina e inmediatamente supo que tenía que regresar con un fotógrafo lo antes posible.

Hasta ese entonces, todos los discos se vendían en sobres de papel blancos con un agujero al centro para permitir que se viera el nombre de la canción y artista estampado en el vinil.

En cuestión de horas, Alex Steinweiss regresó al teatro y convenció al encargado para cambiar el letrero de la marquesina y poner el nombre de *Smash Song Hits by Rodgers & Hart*. El fotógrafo capturó la imagen y la primera portada había nacido y la venta de discos se disparó en más de 900 por ciento.

Steinweiss es uno de los héroes anónimos de los que poco se habla, pero su contribución trascendió la música, permitiendo a ilustradores, fotógrafos, artistas y diseñadores expandir el alcance de la música con una identidad visual y un mayor impacto cultural.

Steinweiss diseñó todas las portadas de Columbia Records entre 1939 y 1945, cuando decidió hacer una pausa de la música para crear carteles propagandísticos de la Segunda Guerra Mundial.

Posteriormente, fundaría su despacho de diseño, con el cual llegó a diseñar más de 2 mil 500 portadas de discos. Entre ellas destaca la primera interpretación visual que se hizo para un disco de las sinfonías de Beethoven, donde encontraremos una imagen un tanto familiar: un piano iluminado por una luz blanca y que sirve como prisma para emitir un arcoíris de colores, una pieza que sirvió de inspiración para una de la portadas más famosas en la historia de la música, como es el *Dark Side of the Moon* de Pink Floyd.

Otro de los nombres fundamentales en la historia visual de la música es el del británico Peter Saville, quien tras ver la portada del *Autobahn* de Kraftwerk, en 1974, supo que quería diseñar discos.

Así fue como años más tarde, se acercó a Tony Wilson durante un concierto de Patty Smith y le propuso asociarse para lanzar Factory Records, uno de los sellos independientes que marcaron la década de los setenta y ochenta con portadas icónicas como el diagrama de las ondas de radio en un pulsar para el *Unknown Pleasures* de Joy Division o la intervención de una pintura del siglo XIX llamada *A basket of roses*, del francés Henri Fantin Latour, para crear la portada del *Power, Corruption & Lies* de New Order.

Parte de lo que hizo que su trabajo fuera tan emocionante es que las bandas le dieron total libertad para crear y diseñar, algo que en la era de los algoritmos y el marketing hipersegmentado se antoja imposible. A pesar de ello, se "retiró" de la industria musical a mediados de los noventa e incursionó en otras áreas creativas, incluyendo el diseño del uniforme que vistió la selección inglesa de futbol, en el Mundial del 2010.

EL ÁLBUM COMO CONCEPTO

Pero si alguien fue capaz de profundizar en el arte para hacer del álbum todo un concepto fue, sin lugar a duda, Hipgnosis, la casa creativa fundada por Storm Thorgerson y Aubrey Powell, responsables de las portadas más importantes de Pink Floyd, Led Zeppelin, AC/DC, Black Sabbath, Peter Gabriel y muchos más, con un portafolio que abarcó varias décadas. El trabajo de Thorgerson incluso abarcó las primeras décadas del siglo XXI con portadas para el *Absolution* de Muse, *Stadium Arcadium* de los Red Hot Chili Peppers, *This Modern Glitch* de The Wombats, el homónimo de Audioslave, así como el *Only Revolutions* de Biffy Clyro, entre otros.

La idea de Storm Thorgerson era encapsular en el arte gráfico lo que las bandas intentaban decir con su música, pues una de las cosas que más odiaba, eran las portadas en las que simplemente aparecía una foto del artista, argumentando que dichas portadas lo único que te dicen es "cómo se ve un artista", pero "no lo que hay en sus corazones, emociones o en su música".

Lo más impresionante de todo es que Hipgnosis no tenía una tarifa para cobrar los conceptos o diseños detrás de sus portadas, por el contrario, les sugerían a las bandas y artistas pagarles "lo que ellos creían que valía su arte". Esperemos que nadie les haya aplicado el "te daremos exposición y habrá pizzas gratis los viernes por la noche, mientras trabajas horas extra".

DE DALÍ A BANKSY: LAS PORTADAS HECHAS POR RECONOCIDOS ARTISTAS

SALVADOR DALÍ

El bigote más famoso del siglo xx... A Dalí lo ubicamos por sus pinturas, pero además fue fotógrafo, arquitecto, escritor y diseñador de modas, entre otras monerías. Claramente, Salvador

Dalí era de los que "resuelven", y su incursión en la música lo llevó a diseñar escenarios y telones para óperas como *La Dama Spagnola E Il Cavalieri Romano*, pero su mayor contribución a la industria musical la hizo con la portada del álbum *Lonesome Echo*, de Jackie Gleason, editado en 1955 y que llegaría a alcanzar el #1 en las listas de Billboard. Una portada que el propio Dalí describió como una descripción de la angustia, el espacio, la soledad y la fragilidad.

JEAN-MICHEL BASQUIAT

De Nina Simone a Run DMC, la vida y obra de Jean-Michael Basquiat estuvo guiada por la música. Su romance con Madonna, su aparición especial como DJ en el video de "Rapture" de Blondie o su participación en Gray, una banda de música experimental al lado de Vincent Gallo, son tan solo algunas pistas de la simbiosis que existía entre el artista y la música. Muchas de sus obras fueron

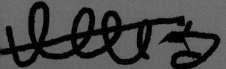

inspiradas en el jazz y dejaron un gran legado para el hip hop, pero su "incursión" en el rock llegaría treinta años después de su muerte, puntualmente con la portada de *The New Abnormal,* de The Strokes, quienes utilizaron la pintura *Bird On Money* (inspirada en el jazzista Charlie Parker) para dar vida a un disco en el que el grupo quiso reflejar los "peligros de nuestra realidad".

ANDY WARHOL

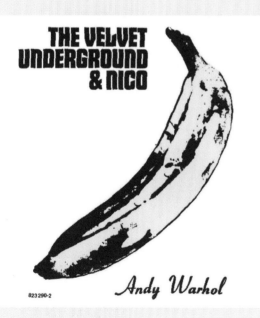

The Velvet Underground & Nico es una de esas bandas que ha logrado trascender a través de los años, en gran parte por una portada icónica de Andy Warhol en la que apreciamos un simple plátano o banana, que no es otra cosa más que la sutil representación de la temática del disco, que aborda temas como la prostitución o el sadomasoquismo.

Para mí este es uno de los discos que todos deberíamos escuchar al menos una vez en nuestra vida, y Warhol no solo creó la portada, sino que también aparece como productor, aunque no tuvo injerencia alguna con la dirección musical del grupo pues, a pesar de ser el manager de The Velvet Underground, el papel que fungía era más como mentor y facilitador económico para financiar los proyectos de la banda, y una de las cosas que nadie podría creer hoy en día es que este disco fue un fracaso comercial en su lanzamiento y no sería sino hasta después de la separación de The Velvet Underground que comenzaría a ser valorado como lo que es: un disco que marcó la historia del rock y el arte contemporáneo.

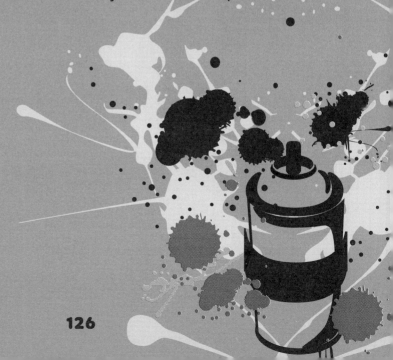

BANKSY

Uno de los artistas más importantes de nuestra generación gracias a su obra cargada de sátira social y política ha sido también una figura muy cercana a la música británica, creando la portada del *Think Tank* de Blur, en el que podemos ver a una pareja fundiéndose en un abrazo, al tiempo en el que portan cascos para bucear. ¿El significado? Según Damon Albarn obedece a un disco cargado de "amor y política", dos de las temáticas más constantes en la obra de Banksy, quien también ha sido cómplice creativo de bandas como Röyksopp o, más recientemente, del rapero Stormzy, quien portó un polémico chaleco antibalas durante su presentación en el festival de Glastonbury en 2021.

DAMIEN HIRST

Estandarte de una nueva generación de arte contemporáneo en el Reino Unido, Damien Hirst ha jugado diversos papeles en la industria musical, desde dirigir el video de *Country House* de Blur, en la década de los noventa, hasta crear las portadas de discos como el *I'm With You* de los Red Hot Chili Peppers, donde aparece una mosca sobre una cápsula medicinal, que bien podría ser una referencia a los problemas de adicciones que atravesaron distintos integrantes de la banda, o bien, la incursión de emojis para el *Certified Lover*, de Drake.

TAKASHI MURAKAMI

En la década de los ochenta, Takashi Murakami era un maestro escolar en Japón, y uno de sus ejercicios favoritos era comprar flores para que sus estudiantes pudieran dibujarlas. Son precisamente las flores las que se han convertido en un elemento distintivo de este influyente artista japonés, que así como ha colaborado con casas de moda como Louis Vuitton, ha creado videos musicales para Billie Eilish y hasta reinterpretado su propia marca para dar vida a *Colores* de J Balvin.

JEFF KOONS

El siempre controvertido y exitoso Jeff Koons ha sido un referente de la cultura popular gracias a sus obras tachadas de "banales", como la escultura de Michael Jackson y su chimpacé Bubbles o sus particulares globos de perro.

Así que cuando Lady Gaga desarrolló el concepto de su *Artpop* no dudó un solo minuto en reclutar a Jeff Koons, quien concibió una portada en la que encontraremos varias referencias a su obra, mientras Lady Gaga aparece al centro, simulando ser Venus, con una esfera gigante de Koons entre sus piernas.

LA HISTORIA DETRÁS DE ALGUNAS DE LAS PORTADAS MÁS ICÓNICAS DEL ROCK

WISH YOU WERE HERE
PINK FLOYD

Sí, todos amamos y veneramos la portada del *Dark Side of the Moon*, pero ya vimos de dónde viene su inspiración. Por el contrario, la tapa del *Wish You Were Here* es probablemente el mejor ejemplo de la filosofía de Storm Thorgerson.

A simple vista, vemos a dos sujetos saludándose, mientras uno de ellos arde en llamas. Lo cierto es que Storm Thorgerson decidió acompañar a Pink Floyd durante la gira previa al lanzamiento del disco, reflexionando sobre el significado de las nuevas canciones

de la banda, las cuales son un guiño a la ausencia de Syd Barrett (el álbum abre con "Shine on Your Crazy Diamond", por ejemplo) y la manera en la que esta afectó la dinámica del grupo, que parecía roto.

Es precisamente este sentimiento el que provocó que Hipgnosis propusiera hacer una sesión de fotos en los estudios de Warner Bros, en California, con la idea de retratar a dos hombres de negocios dándose la mano, mientras uno de ellos arde en llamas.

La imagen parte de la idea de que las personas ocultamos nuestros verdaderos sentimientos por miedo a quemarnos, por lo que la dupla creativa de Thorgerson, Aubrey Powell, tomó la icónica fotografía, para la que, por cierto, no se utilizó ningún tipo de efecto o photoshop. Por el contrario, los modelos fueron dos especialistas, uno de ellos vestido con un traje ignífugo. Su cabeza fue protegida por una malla especial, y posteriormente se le prendió fuego.

¿El problema? Es que el viento soplaba en la dirección incorrecta, llegando incluso a quemar el bigote de su contraparte, por lo que al final, decidieron cambiar de posición, tomar la imagen y posteriormente invertir la fotografía.

SGT. PEPPER'S LONELY HEARTS CLUB BAND • THE BEATLES

Si hablamos de grandes portadas, The Beatles tienen para dar y regalar: *Revolver*, *The Beatles* (mejor conocido como el "disco blanco"), *Magical Mystery Tour* y más. Pero hay dos portadas que trascenderían culturalmente. La primera de ellas es la portada del *Sgt. Pepper's* y las pistas que esconde de la supuesta muerte de Paul McCartney.

Para los que no están familiarizados con la "chisma", la historia cuenta que una noche, Paul McCartney abandonó furioso una sesión de grabación de los Beatles. Subió a su coche, pisó el acelerador y se estrelló, muriendo instantáneamente. Para evitar el sufrimiento de millones de fans beatlemaniacos en todo el mundo, la banda se coordinó con el gobierno del Reino Unido para suplantar a McCartney con un doble, que milagrosamente no solo se parecía físicamente a sir Paul, sino que también canta, toca y compone como el original. ¡Vaya suerte!, ¿no?

En realidad todo esto nunca sucedió, pero dio pie a una de las más grandes leyendas urbanas (o fake news) de la historia, donde millones de personas comenzaron a descubrir las "pistas" escondidas en la portada del álbum, como el arreglo de flores que se encuentra debajo del nombre de la banda, que simula un bajo.

De igual forma, la imagen de Shiva, el dios hindú de la destrucción parece apuntar a McCartney, además de que hubo quien afirmaba

que la insignia que aparece tímidamente sobre el brazo del músico decía OPD que significa "oficialmente declarado muerto", aunque en realidad obedecía a la "Policía de Ontario".

La verdadera idea detrás de esta portada, de los reputados artistas británicos Jann Haworth y Peter Thomas Blake, fue que los Beatles posaran como si acabasen de dar un concierto en un parque y estuvieran rodeados de sus fanáticos.

Una vez que hicieron la foto, decidieron que los fanáticos podrían ser cualquier personaje, vivos, muertos, reales o ficticios, así que **cada uno de los integrantes de los Beatles hizo una lista de los fanáticos que les gustaría ver en alguno de sus conciertos.** De acuerdo con Haworth y Blake, John y Paul hicieron su lista, George sugirió los gurús indios y Ringo dijo "lo que escojan los demás está bien para mí".

Así es como en esta portada podemos ver a los Beatles rodeados de personalidades como Edgar Allan Poe, Bob Dylan, Marylin Monroe, William S. Burroughs, Karl Marx, Marlon Brando, Albert Einstein, y aunque muchos piensan que el boxeador es Mohamed Ali, en realidad se trata de Sonny Liston.

ABBEY ROAD
THE BEATLES

Es imposible cruzar una calle por el paso peatonal sin pensar en la imagen de John Lennon, Paul McCartney, George Harrison y Ringo Starr. **Una de las portadas más famosas y cuya historia obedece en gran parte a la pereza del grupo: que estuvo a punto de separarse durante las sesiones de grabación de un álbum** que, originalmente, se llamaría *Everest* en honor a los cigarrillos que fumaba el ingeniero de sonido de aquellas sesiones: Geoff Emerick.

Pero tan pronto les propusieron viajar a los Himalaya para tomar las fotos de la portada, el título del disco se desechó por completo.

Así que la banda optó por algo más íntimo y cercano. Aprovechando que el disco fue grabado en los Estudios de EMI ubicados en Abbey Road, los Beatles decidieron que ese sería el nombre de su disco. Paul McCartney dibujó algunos sketches de lo que imaginaba que pudiera ser la portada y los compartió con el fotógrafo Iain Macmillan, quien era cercano al grupo por su trabajo con John Lennon y Yoko Ono.

Así, el 8 de agosto de 1969, a eso de las 11:30 a. m., Macmillan subió una escalera de tijera en medio de la Abbey Road, y tomó seis fotos de The Beatles cruzando la calle, mientras un policía paraba el tráfico.

Por supuesto que la portada de este disco también contribuyó al mito de la muerte de Paul McCartney, pues es el único de los cuatro que aparece descalzo.

Este sería el último disco de The Beatles, y tras su éxito, EMI Music decidió cambiar el nombre del estudio pasando de Studios EMI a Abbey Road Studios que, por cierto, cuenta con una webcam en su página de internet para ver en vivo a los miles de turistas que diariamente cruzan ese paso peatonal para recrear el mítico cruce de los Beatles.

LONDON CALLING
THE CLASH

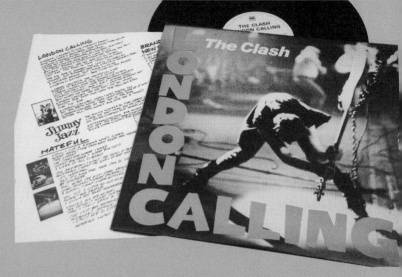

Romper una guitarra contra el piso en un concierto hoy es visto como un símbolo de rock y rebeldía. Aunque en 1979 no era más que un signo de frustración, como el de Paul Simonon, bajista de The Clash, quien se encontraba furioso al ver que la seguridad del Palladium de Nueva York no dejaba que los asistentes a su concierto pudieran pararse.

The Palladium fue uno de los lugares más icónicos de la cultura neoyorquina en los setenta, el cual contaba con butacas, lo que se contraponía por completo al espíritu que suponía un concierto de punk.

Así que frustrado de ver a la gente sentada y a los guardias de seguridad del lugar sentando a aquellos que quisieran pararse, Simonon decidió azotar su Fender contra el piso hasta romperla.

La fotógrafa británica, Pennie Smith, fue la encargada de capturar ese momento. Sin embargo, durante mucho tiempo se negó a que la foto fuera utilizada, pues estaba fuera de foco.

¿Qué peor cosa le pudiera pasar a un fotógrafo profesional que pasar a la historia por una foto mal enfocada?

Así que tras varios intentos por convencer a la banda de utilizar otra de sus imágenes, Smith accedió bajo el argumento de que la "imperfección es parte del rock".

Finalmente, el diseño es un homenaje al debut de Elvis Presley y, si se preguntan, los restos del bajo destrozado se encuentran exhibidos en el Museo de la Fama del Rock & Roll en Cleveland, Ohio.

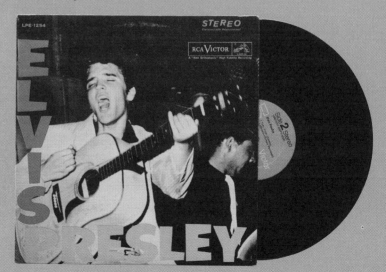

KID A
RADIOHEAD

Tras haber editado uno de los mayores clásicos de los noventa con el *OK Computer*, Radiohead se enfrentaba a las expectativas de críticos, seguidores y, por supuesto, la distópica confusión que trajo consigo el cambio de siglo y de milenio.

Stanley Donwood ha sido el artista responsable de la identidad visual de Radiohead desde el lanzamiento de *My Iron Lung*, en 1994, gracias a su trabajo provocativo e innovador, como la portada de *The Bends*, para la que grabó maniquíes recibiendo reanimación cardio pulmonar, para después fotografiar la cinta.

Para crear la identidad del *Kid A*, Donwood trabajó de la mano de Thom Yorke tomando como punto de partida el cambio climático y el derretimiento de los casquetes polares, lo que los llevó a pintar una cordillera montañosa con palos y cuchillos sobre un lienzo.

El distintivo color rojo de la portada sería inspirado por la guerra de Kosovo, así como por la novela gráfica *Brought To Light,* de Alan Moore y Bill Sienkiewicz, en la que el número de personas asesinadas por la guerra y el terrorismo se mide por la cantidad de albercas llenas de sangre.

En tanto que la distorsión pixeleada sería sugerencia de Tchock, que no es más que el seudónimo utilizado muchas veces por el propio Thom Yorke.

NEVERMIND
NIRVANA

Cuatro meses y 200 dólares. Es la edad del bebé y el pago que recibieron sus padres por una fotografía que terminaría marcando a una generación y siendo parte de la colección del Museo de Arte Moderno de Nueva York.

Era 1991, una desconocida banda llamada Nirvana acababa de firmar con Geffen Records y el vocalista del grupo quería que la portada de su disco fuera un parto bajo el agua.

El director de arte Robert Fisher puso manos a la obra, pero rápidamente se dio cuenta de lo gráfico y peligroso que podría ser retratar un parto bajo el agua, por lo que sugirió la idea de eliminar el parto y simplemente fotografiar a un bebé en una alberca.

Sin embargo, la idea parecía simple, por lo que Kurt Cobain sugirió agregar algo: un gancho para pescar. Pero ¿un gancho para pescar vacío? Por supuesto que no, así que valoraron toda clase de artículos que pudieran aparecer, pedazos de carne, un cassette o compactos, burritos, hasta que alguien dijo: "Un billete de un dólar".

La idea estaba hecha, aunque ¿cómo conseguir a un bebé y retratarlo bajo el agua? El fotógrafo Kirk Weddle se especializaba en capturas subacuáticas, así que citaron a cinco parejas distintas en el Centro Acuático de Pasadena para tomar las fotografías.

Tras tomar cerca de 60 fotos por niño, Weedle y Fisher encontraron la imagen perfecta: el bebé Spencer Elden de apenas 4 meses de edad, quien había logrado la pose perfecta con brazos y piernas abiertas, como si estuviera tratando de agarrar algo.

Por supuesto que el anzuelo no estaba en la alberca, sino que junto con el billete de dólar se agregó posteriormente de manera análoga, dando pie a una de las portadas más importantes de los noventa.

Hoy en día, el "pequeño" Spencer Elden supera la treintena, es un artista plástico y a pesar de que con el tiempo recreó la portada para celebrar los 10, 15, 20 y 25 años del lanzamiento del disco (obviamente con pantalones de por medio), para el 2022 demandó al grupo, argumentando que ha sufrido un "daño permanente" por la asociación que hay de su persona con la portada del disco, pues "todo el mundo ha visto sus genitales".

Curiosamente la demanda se dio justo cuando los miembros sobrevivientes de Nirvana se negaron a ser parte de su obra.

Tras años de juicio que pusieron sobre la mesa temas tan importantes como el consentimiento de un bebé de cuatro meses para ser expuesto públicamente, la imagen que puede ser considerada pornografía infantil y un sinfín de argumentos, una corte de los Estados Unidos desechó la querella.

¿Qué otras portadas pondrías en esta lista?

- _____
- _____
- _____
- _____

V
LOS MÉTODOS MÁS INSÓLITOS PARA COMPONER UN HIT

Ruido, ejecución o armonía: **¿te has puesto a pensar qué es lo que define a los instrumentos musicales?** Estrictamente hablando, cualquier objeto capaz de generar un sonido puede ser considerado un instrumento musical.

¿Y quién diablos los inventó? Los historiadores no se han puesto de acuerdo sobre cuál fue el primer instrumento musical que inventó la humanidad, pero se asume que el primeritito fue, ni más ni menos, que una flauta hecha de hueso que data de la era neandertal, hace 50 mil años, descubierta dentro de una cueva en Eslovenia, lo cual me hace pensar en dos cosas:

1. Que lo que nosotros vemos como un delicioso tuétano preparado, nuestros antepasados lo vieron como una oportunidad de evolución, comunicación y hasta emprendimiento musical...

2. Que no importa si viviste en el Paleolítico o en la era de los iPhones, TikToks o inteligencia artificial, ¡irremediablemente a todos nos ha tocado sufrir al vecino desafinado tocando la flauta durante horas!

Sin lugar a duda, la idea de que "cualquier objeto capaz de generar un sonido puede ser considerado un instrumento musical" ha sido llevada a lugares extraordinarios por algunos de nuestros artistas favoritos, por lo que no quiero dejar pasar la oportunidad de recuperar aquellas canciones que se lograron con instrumentos poco ordinarios.

TIJERAS CONTRA PELAPAPAS

Charlotte Marionneau es una artista francesa que a lo largo de su carrera ha editado seis discos y colaborado con diversos artistas como My Bloody Valentine o Simon Raymonde, de los Cocteau Twins. Su música ha sido distribuida por sellos de culto, como Poptones o Astralwerks, además de ser utilizada en series de televisión como *Skins* o *Killing Eve*, pero su trascendencia en la cultura popular de nuestros días ha sido gracias a unas tijeras.

Cual si fuera juego de "Piedra, papel o tijera", Noel Gallagher recuerda que en su momento le preguntó a Charlotte Marionneau:

—¿Puedes tocar el pandero?

Y ella respondió:

—No, no puedo tocar la pandereta.
—Bueno, tal vez puedes tocar ¿las maracas? —argumentó Gallagher.
—No, no puedo tocar las maracas, pero puedo tocar las tijeras.

En ese momento, Noel Gallagher pensó que había escuchado mal, por lo que se quitó los audífonos:

—¿Dijiste tijeras?
—Sí, sí, las tijeras.

Por lo que inmediatamente volteó con su bajista y dijo: "Si esto no es lo mejor que he visto en mi vida, entonces no sé qué es. Hay una mujer francesa, con capa, tocando las tijeras".

Y así es como las tijeras terminaron formando parte de la base rítmica en "She Taught Me How to Fly" y Charlotte Marionneau fue lanzada al estrellato gracias a todos esos videos en los que se le puede ver tocando este particular instrumento durante las presentaciones en vivo de Noel Gallagher & High Flying Birds.

Por supuesto que la historia no termina ahí, pues al ver la excentricidad que había hecho su hermano, Liam Gallagher decidió tomarlo con sarcasmo y buscar a alguien que pelara papas durante sus conciertos en vivo.

Liam Gallagher ✔
@liamgallagher

Estoy buscando a alguien que pele algunas papas en el escenario esta noche en el concierto de Bethnal Green. Debe de tener su propio pelador. LG x

8:27 a. m. · 7 nov. 2017

Por supuesto que alguien lo iba a hacer, y así fue como varios fanáticos pelaban papas durante los conciertos de Liam Gallagher, lo cual terminó generando una de las más extrañas prohibiciones en los festivales de música, cuando los organizadores del festival Parklife decidieron prohibir la entrada de peladores de papa, para seguridad (y aburrimiento) de todos los asistentes.

No dejes de googlear a Charlotte Marionneau para admirar el trabajo de esta genial artista.

LAS CUCHARAS DEL GRUNGE

En la cúspide del grunge, a mediados de los noventa, Jeff Ament, bajista de Pearl Jam, buscaba nombres para la banda ficticia de la película *Singles*, de Cameron Crowe. Y antes de elegir el nombre de Citizen Dick, armó una buena lista con posibles nombres, la cual incluía la palabra "Spoonman", inspirado en un artista callejero que tocaba canciones utilizando únicamente cucharas.

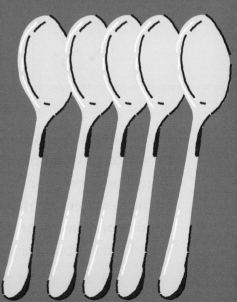

Chris Cornell, vocalista y líder de Soundgarden, fue contratado para hacer el soundtrack de la película, y si bien el nombre de Spoonman no se quedó para la banda, Cornell lo utilizó para una de las canciones que terminaría convirtiéndose en uno de los himnos del grunge noventero.

Si bien en la cinta se utilizó una versión acústica, Cornell y los demás integrantes de Soundgarden decidieron grabarla con todos los instrumentos, pero no solo eso, sino que decidieron llevar al estudio al verdadero Spoonman para que tocara sus cucharas durante el puente de la rola, mientras que el baterista Matt Cameron completó las percusiones utilizando ollas y sartenes.

EL MICHI METALERO

Pocas cosas tan imponentes como un verdadero metalero: melena larga, brazos largos, marcados, tatuados, una cara de pocos amigos y una voz que es capaz de llegar a los agudos más altos que jamás hayas escuchado.

Maynard James Keenan es un chico rudo, marcado por una infancia difícil por el divorcio de sus padres, el cual únicamente le permitía ver a su papá una vez al año. A los 11 años de edad su madre sufrió un accidente cerebrovascular, evento que lo marcó e inspiró años más tarde para crear canciones como "The Patient", "Wings for Marie" o "Judith".

Inspirado por Bill Murray y su película *Stripes*, Maynard James Keenan se alistaría en 1981 en el ejército de los Estados Unidos y, posteriormente, en 1990 formaría una de las bandas más oscuras (y de culto) en el rock norteamericano: Tool.

Además de salir de gira con Rage Against The Machine y ser vetados por MTV al considerarlos demasiado "rudos", Tool ganaría varios premios que los colocaría como una de las mejores bandas de metal y progresivo de los últimos tiempos.

¿Quién diría que ese muchacho tan malencarado, rudo y antisistema, sería el mismo ser tan tierno para utilizar el sonido que emitía su michi cada vez que lo acariciaba?

En efecto, Maynard James Keenan encontró tan encantador el sonido que emitía su gato siamés cada vez que lo acariciaba, que decidió grabarlo, ralentizarlo y con ello componer una canción que se titularía "Mantra" para su tercer álbum llamado *Lateralus*.

Riffs vemos, michis no sabemos.

LA PESADILLA DENTAL QUE LLEGÓ AL #1 DEL MUNDO

Dicen que no hay nada peor que un mal dolor de muelas. Pero ¿qué pasa cuando ese dolor de muelas te convierte en una de las artistas más importantes del mundo?

Sin duda alguna, Billie Eilish se ha convertido en uno de los estandartes de la Generación Z, ya sea por su vestimenta holgada y oscura que rompe con los estereotipos tradicionales de las estrellas de pop, sus letras honestas y profundas que abordan temas como la depresión, ansiedad o identidad sexual, así como los sonidos electrónicos y oscuros que se alejan del pop convencional y ofrecen una propuesta más reflexiva y profunda.

Una de las canciones que mejor la representa es "Bury a Friend", una canción que surgió del dibujo de un gran monstruo que ilustra a su productor (su hermano Finneas) el sonido que quería alcanzar en esta pieza.

¿Y qué cosa puede ser (y sonar) más monstruosa que el taladro de un dentista?

Uno de los propósitos de Finneas es ofrecer nuevos sonidos y dimensiones a las canciones que produce. Y lo hace grabando toda clase de sonidos, ya sea con su teléfono o con una grabadora portátil.

Es así como un día acompañó a su hermana al dentista, y mientras el doctor taladraba las encías de Billie Eilish, Finneas grababa el taladro, para después regresar al estudio y darle una nueva capa a "Bury a Friend", que llegaría al #1 en las listas de popularidad y que, tras saber este secreto, estoy seguro les hará rechinar sus oídos y el cerebro sin parar.

EL PATITO DE HULE DE KURT COBAIN

Nada tan inocente como jugar durante el baño con un patito de hule, símbolo de infancia y alegría familiar; salvo que seas Kurt Cobain.

El atormentado líder y vocalista de Nirvana, quien odiaba el éxito alcanzado por su banda, encontró en "Drain You" la manera de desahogar su fallida relación con Tobi Vail, de Bikini Kill, pero no solo eso, sino también acabó por ser una de sus canciones favoritas del *Nevermind* únicamente detrás de "Smell Like Teen Spirit".

De acuerdo con Butch Vig, productor del disco —y por ende de la canción atascada por capas y capas de guitarra—, Kurt Cobain odiaba las canciones saturadas de sonidos, por lo que para "Drain You", Vig tuvo que mentirle diciendo que las guitarras "no se habían grabado bien", que "se escuchaban desafinadas", con tal de que Cobain grabase un par de tomas más.

Kurt Cobain solía coleccionar juguetes viejitos, y uno de ellos era un pato de hule, el cual llevó al estudio, y mientras jugaba con él, Butch Vig decidió grabar el sonido que terminaría siendo utilizado a la mitad de la rola.

Curiosamente, el mismo patito de hule también terminaría apareciendo en la contraportada del *Incesticide*, la primera compilación de demos y rarezas publicada por Nirvana, en 1992.

UNA ORQUESTA DE ¿VEGETALES?

Tijeras, pelapapas, gatitos, patos de hule, taladros de dentista... A estas alturas pensamos que nada podría sorprendernos, hasta que nos encontramos con la existencia de ¿¡una orquesta de vegetales!?

Es correcto, The Vegetable Orchestra es una agrupación austriaca conformada por diez músicos, un ingeniero de sonido y un chef.

¿Qué es lo que hace única a esta orquesta? Pues que todos sus instrumentos son creados con diferentes verduras: zanahorias, apio, pimientos, calabaza, jitomates, etcétera, cuyo sonido es amplificado con micrófonos especiales. Durante y al final de sus conciertos, los instrumentos van de mano en mano hasta llegar a las del chef, quien es el encargado de cocinar una deliciosa sopa para los asistentes.

Hasta antes de la pandemia, The Vegetable Orchestra afirmaba haber creado más de 150 instrumentos diferentes, entre los que destacan sus xilófonos de zanahoria, baterías de calabaza, trompetas de pepino, maracas de cebolla, flautas de cebolla o sus violines de puerro.

La agrupación formada en 1998 y que ha publicado cinco discos hasta el momento, parte de la idea de que cualquier objeto puede ser utilizado para crear música.

Así que cada vez que van a tocar, este grupo de artistas se despierta temprano y acuden al mercado para comprar y (sobre todo) elegir cuidadosamente cada uno de los ingredientes (¿o habríamos de decir instrumentos?) con los que tocarán esa tarde.

Con la ayuda de cuchillos, palos de madera y otras herramientas, cada uno de los músicos va dando forma a su propio instrumento, el cual emite un sonido único, lo que hace de cada concierto algo especial.

Lo que puede parecer una broma, se ha convertido en todo un movimiento, pues The Vegetable Orchestra ha tocado en el Albert Royal Hall de Londres, así como en el Centro de Artes Escénicas de Shangai y hasta en algún cumpleaños de Paul McCartney, al tiempo de generar orquestas vegetales en otras partes del mundo como Londres y Nueva York.

EL DISCO MÁS CARO DEL MUNDO

La historia del hip hop no se podría entender sin la existencia del Wu-Tang Clan. Un colectivo de hip hop formado a inicios de los noventa en Nueva Jersey por los primos Robert Diggs y Russell Jones, dos adolescentes fanáticos de la música, el ajedrez y, sobre todo, del kung-fu. Su nombre lo tomaron de la película de artes marciales *Shaolin and Wu Tang* y el título de su álbum debut editado en 1993,

Enter the Wu-Tang (36 Chambers) sería un homenaje ni más ni menos que a *The 36th Chamber of Shaolin* de Bruce Lee.

Diggs adoptaría el pseudónimo de RZA y Jones el de Ol' Dirty Bastard, y al lado de colegas como Method Man, Ghost Face Killah, Raekwon, Masta Killa e Inspectah Deck, formarían el primer colectivo de hip hop, que operaría como grupo, pero que al mismo tiempo permitía a sus integrantes desarrollar proyectos por separado.

Para el 2014, con una legendaria trayectoria a sus espaldas, los integrantes de Wu-Tang Clan decidieron grabar su séptimo disco. No sería un álbum cualquiera, sino un disco conceptual: una crítica al nulo valor que damos hoy en día a la música y la manera en la que podemos pagar mucho dinero en ropa, comida, viajes o coches, pero al mismo tiempo nos molesta gastar dinero en comprar un mísero disco para el que nuestro artista favorito dedicó tiempo, esfuerzo y creatividad. Nos gusta su música, pero no queremos pagarla. Tan es así que hasta inventamos formas (Napster) o modelos de negocio (como las plataformas de streaming) para evitar comprar un disco, reconocer el arte y contribuir a que nuestros artistas favoritos puedan vivir de lo que hacen.

El proyecto se titularía: *Once Upon in Shaolin*, el cual fue grabado en Nueva York, producido en Marruecos y cuenta con la participación de todos los integrantes del Wu-Tang Clan e incluso se dice que las canciones —que al día de hoy muy pocas personas han podido escuchar— cuentan con la participación especial de Cher y hasta de algunos jugadores del FC Barcelona.

¿QUÉ ES LO QUE HACE QUE ESTE PROYECTO SEA TAN ESPECIAL?

Solo existe una copia de *Once Upon in Shaolin*, la cual consiste en dos discos compactos dorados, los cuales están empacados y resguardados en un lujoso baúl de plata decorado con el emblemático logo de Wu-Tang Clan.

Los masters musicales fueron borrados para siempre y su lanzamiento se llevó a cabo en el 2015 en una galería de arte de Nueva York, en la que los asistentes fueron sometidos a severas revisiones de seguridad con el fin de evitar que alguien pudiera tomar fotos, videos o grabar audios.

Meses más tarde, el disco sería puesto a la venta mediante una subasta que estipulaba condiciones específicas que obligaban al comprador a no lucrar comercialmente con el disco; es decir, *Once Upon in Shaolin* no podría ser vendido, reproducido o expuesto al público de manera comercial durante 88 años, un periodo que no fue definido al azar, sino que utiliza el número 8 para significar a los 8 integrantes originales del Wu-Tang Clan y que cuando se coloca de manera horizontal simula el símbolo del "infinito" utilizado también por el colectivo en su segundo disco *Wu-Tang Forever*.

El ganador de la subasta sería Martin Shkreli, un emprendedor farmacéutico que pagó más de dos millones de dólares para convertirse en el dueño de la única copia de *Once Upon in Shaolin*, que, de esta manera, pasaría a la historia por ser el disco más caro del mundo.

Años después, en el 2018 Shkreli fue investigado, enjuiciado y encarcelado por crímenes financieros, por lo que el FBI embargó todos sus bienes, incluyendo la única copia que existe de *Once Upon in Shaolin.*

En el 2021 el departamento de Justicia de los Estados Unidos anunció la venta del disco a una empresa especializada en cripto y NFT llamada PleasrDAO, la cual pagó 4 millones de dólares para ser propietaria de la obra, que se exhibió por primera vez en junio de 2024, en el Museo de Arte Antiguo y Arte Moderno de Tasmania. Antes de escuchar el disco, los asistentes firmaron un contrato en el que se obligaban a no grabar ni divulgar la obra hasta el año 2103.

El misterio de *Once Upon in Shaolin* sigue creciendo, pues mientras Martin Shkreli asegura haber grabado copias en MP3 del disco antes de que se lo embargaran, la empresa PleasrDAO ha comenzado a vender NFT de la obra, prometiendo que cada venta adelantará 88 segundos el lanzamiento del disco, y ofreciendo a cada comprador un adelanto de 5 minutos de la obra completa.

DECISIONES INEXPLICABLES EN LA MÚSICA

Todos hemos tomado malas decisiones en esta vida. Mejía Barón con Hugo Sánchez en los penales del Mundial de Estados Unidos 94, los Blazers eligiendo a Sam Bowie por delante de Michael Jordan en el draft de la NBA en 1984, tú con tu ex que te da pena (nada personal, todos somos ese ex del que alguien más se avergüenza) y, por supuesto, aquel viaje, trabajo u oportunidad que no tomamos en su momento y ahora nos arrepentimos.

Los genios de la música tampoco son infalibles, o como dicen por ahí, **"los rockerillos también lloran".** Y es que la historia de la música también está marcada por aquellos personajes que en su momento tomaron decisiones que, a la postre, resultaron erróneas.

STEVE JOBS DICIENDO QUE "NADIE" CONTRATARÍA UN SERVICIO DE SUSCRIPCIÓN

Steve Jobs es uno de los grandes genios de la historia de la humanidad. No solamente desarrolló y perfeccionó las computadoras personales o teléfonos inteligentes, sino que también fue un salvador y artífice de la industria de la música cuando, en el año 2000, Apple lanzó el iPod, y tres años después la iTunes Music Store.

Para tener un poco de contexto, recordemos que en aquella época no existían los teléfonos inteligentes, por consiguiente no existían los planes de datos, o siquiera una conexión a internet que no fuera mediante un cable, pues si bien el wifi se inventó a finales de los noventa, no sería sino hasta el primer lustro del siglo XXI que se convirtió en una herramienta accesible para todos.

STEVE JOBS

Al mismo tiempo, **la industria musical atravesaba una de sus mayores crisis económicas gracias a plataformas de piratería** como Napster, Kazaa o Limewire, donde podías descargar cualquier cantidad de discos y canciones de manera "gratuita".

Así que tras presentar el gadget que se convertiría en el buque insignia de los reproductores de MP3, como fue el iPod, Steve Jobs presentó en el 2003 la primera tienda de música digital: iTunes Music Store.

En palabras de Jobs, la música afrontaba el mismo problema en dos frentes: "Como usuarios, teníamos la oportunidad de acceder a cualquier artista, disco o canción en línea. También podíamos trasladarla a cualquier cantidad de reproductores de MP3 y reproducirla en cualquier número de computadoras que quisiéramos. ¿Qué tenía de malo todo ello?".

Que para lograrlo, primero teníamos que descargar archivos de dudosa procedencia o calidad a nuestras computadoras. Después, la calidad de audio de las

canciones que ofrecían estas plataformas era horrible. Y por último, pero al mismo tiempo la más importante, es que estábamos robando.

Así que tras observar el fenómeno, Apple desarrolló y lanzó la iTunes Music Store, una tienda que permitía a todas las personas comprar nuestras canciones y discos favoritos para conservarlos en las computadoras y iPods personales.

Si bien la tienda de iTunes fue un parteaguas para la industria de la música, Steve Jobs, minimizó la posibilidad de desarrollar un sistema de suscripción, afirmando que dichos servicios "te tratan como un criminal", porque cuentan el número de veces que escuchas una canción, y si quieres descargarla, te cobran más. "Creemos que las suscripciones son el camino equivocado".

"Si un servicio te cuesta 10 dólares al mes, son 100 dólares al año. Eso significa que en 10 años

habré pagado mil dólares para escuchar mi canción favorita y eso simplemente no les gusta a los clientes".

La hipótesis de Steve Jobs parecía ser real, hasta que en el 2008, apareció en Suecia una plataforma llamada Spotify, enfocada precisamente en un modelo de suscripción por el que a cambio de una mensualidad puedes acceder a una librería casi infinita de discos, artistas y canciones. En el 2023, Spotify superó los 210 millones de usuarios de pago, generando ingresos por más de 11 mil millones de dólares. Y no solo eso, sino que se ha convertido en la plataforma de streaming favorita de millones y millones de personas, por encima incluso de Apple Music.

LA DISQUERA QUE RECHAZÓ A U2

En 1979, RSO era uno de los sellos más importantes y glamorosos en la industria de la música. Se trata de la disquera que había firmado a los Bee Gees, a Eric Clapton y que lanzó los soundtracks de *Saturday Night Fever*, *Grease* y hasta los de Star Wars con *The Return Of Jedi* y *The Empire Strikes Back*.

Claramente, los ejecutivos de esta disquera sabían lo que hacían. Habían vendido más de cien millones de discos y sus lanzamientos eran una constante en las listas de Billboard. ¿Qué podía salir mal para esta compañía discográfica?

El 10 de mayo de 1979, un tal Paul Hewson recibió una carta de RSO Records, en la que le informaban que "Su música no era adecuada para ellos en ese momento, por lo que le deseaban suerte en su futura carrera".

Ese tal Paul Hewson era ni más ni menos que Bono, y su banda era U2. En 1980 firmaron un contrato con Island Records con el que al día de hoy han editado más de 15 álbumes de estudio y vendido más de 200 millones de copias, convirtiéndose en una de las bandas que marcó a toda una generación.

¿RSO Records? Se declaró en quiebra y terminó siendo absorbida por Polydor en 1983.

Si tan solo...

¿Cuál es la decisión de la que más te arrepientes?

VI

DE LAS GRADAS AL CORAZÓN DEL ESCENARIO

TODOS SOMOS FANS

A finales del 2022, la Facultad de Medicina de la Universidad de Harvard dio a conocer los resultados del estudio más largo y completo que se ha hecho hasta ahora sobre la felicidad. El proyecto, que comenzó en 1938, siguió la vida de 700 hombres con diversas características, a quienes cada dos años se les evaluaba física, mental y emocionalmente.

Al finalizar el estudio, realizado a lo largo de 74 años, poco más de 60 entrevistados superaban los 90 años de edad y la conclusión más importante es que la felicidad no es genética ni se obtiene a través del dinero o de los bienes materiales, sino a partir de las relaciones sociales y personales que desarrollamos a lo largo de nuestra vida.

Este no es un libro de filosofía o psicología, pero el estudio nos permite confirmar que una parte importante de nuestra vida, son las conexiones emocionales que desarrollamos, y que si hay algo que nos define como seres humanos es que todos somos fans de algo: artistas musicales, atletas o equipos deportivos, directores o actores de cine, coches, religiones, literatura, gastronomía, arte, tecnología, etcétera.

En algún momento de nuestras vidas, todos experimentamos esa emoción que con el tiempo se convierte en admiración y posteriormente se transforma a una pasión con la que nos identificamos, comulgamos y nos hace sentir parte de algo más grande. Un interés compartido con miles o millones de personas a las que no conocemos, pero con las que nos une esa simple afinidad, haciéndonos parte de una comunidad, de "algo más grande", o como dice la chaviza de hoy, "ser parte de un fandom".

Fandom: término anglosajón que se popularizó en el siglo XXI para referirse a los grupos de personas o comunidades que admiran o se consideran seguidores de algún personaje, artista o disciplina en particular.

La palabra tiene su origen de Fan Kingdom (reino del fan), que en español sería algo así como una afición o fanaticada.

EL PRIMER FANDOM DE LA HISTORIA

JUSTIN BIEBER

¿Cuál fue el primer fandom de la historia? No, no fueron las bichotas de Karol G, los believers de Justin Bieber, las swifties de Taylor Swift, o el army de BTS. De hecho, el fanatismo en la música es mucho más viejo de lo que creemos y el primer registro que existe de una histeria generalizada en torno a la música data de 1841, en Berlín, con el pianista austrohúngaro Franz Liszt, cuyos conciertos generaban tanto frenesí entre el público que mientras los hombres luchaban para quedarse con las cuerdas rotas del piano al terminar sus recitales, las mujeres, ¡le aventaban sus joyas al escenario!

El fervor generalizado que causaba con sus conciertos Franz Liszt en toda Europa provocó que en 1844 el poeta alemán Heinrich Heine acuñara el término "Lisztomania" para referirse a la histeria colectiva generada en aquel entonces. Por supuesto que, en el contexto social de 1844, la "Lisztomania" era vista más como una enfermedad o descontrol psiquiátrico que una simple afición por la obra de una artista.

BOBBY SOXERS Y LA LIBERACIÓN FEMENINA

Ya para el siglo xx, nos encontramos con otros dos fenómenos que reflejaron el delirio colectivo que puede generar la música: en la década de los cuarenta, un joven Frank Sinatra comenzó a generar una profunda admiración entre miles de chicas adolescentes en los Estados Unidos, quienes comenzaron a romper con el estereotipo de vestimenta femenina de aquella época, al vestir ropa más holgada y calcetines cortos, llamados bobby socks, de donde se desprende el término con el que se bautizó a este colectivo.

Un artículo publicado en 1945 en el periódico *The Guardian* da cuenta de la manera en la que Frank Sinatra tenía que ser custodiado por la policía cada vez que aparecía en público: sus conciertos, presentaciones en radio, televisión y teatros congregaban a miles de personas, su correspondencia recibía miles de cartas diariamente y sus ingresos rompieron la barrera del millón de dólares anuales.

FRANK SINATRA

Si bien la música de Frank Sinatra trascendió generaciones con canciones como "Fly Me to the Moon" o "My Way", su legado social fue mucho más importante, pues a través de las bobby soxers, muchas empresas notaron que podían beneficiarse del consumo adolescente, especialmente entre las mujeres. Debido a ello, empezaron a orientar productos hacia compradores más jóvenes, generando un nuevo mercado de consumo que llegó acompañado de nuevas actividades que fomentaron la presencia femenina, como ir al cine o salir a bailar sin la necesidad de estar acompañadas por un hombre.

Las bobby soxers hicieron que la música empezara a jugar un papel importante en la vida de los jóvenes, dando pie a los fenómenos musicales que surgirían en las siguientes décadas, desde Elvis Presley en los cincuenta, hasta la beatlemanía y el nacimiento de los festivales en los sesenta y la música de protesta. Todos estos fenómenos, de alguna u otra manera, fueron fundamentales para sentar las bases y empoderar la emancipación femenina.

LA BEATLEMANÍA

RINGO STARR

GEORGE HARRISON

En el imaginario colectivo, la beatlemanía fue el primer fandom o fenómeno social y cultural provocado por la música. No porque los Beatles hayan sido la primera agrupación en desarrollar cierto fanatismo (como vimos, antes existieron los fans de Sinatra, Elvis o hasta de Pedro Infante y Jorge Negrete), sino porque la beatlemanía fue el primer fenómeno que pudo ser plenamente documentado gracias al desarrollo tecnológico de cámaras portátiles, televisión vía satélite, etc., demostrando el poder que podía tener la música y la cultura dentro de la sociedad.

Desde sus presentaciones en The Cavern de Liverpool bajo el nombre de The Quarrymen en 1957, hasta la edición de sus primeros discos y top 1 en las listas a inicios de los sesenta, la popularidad de The Beatles siguió creciendo de manera desenfrenada, con fanáticos formados en las tiendas de discos para comprar sus sencillos, así como miles más formados afuera de los estudios de radio y televisión donde se presentaban. **Su llegada al continente americano terminó por consolidarlos como un fenómeno mundial,** en el que miles de personas abarrotaron estadios, calles, aeropuertos y prácticamente cualquier lugar en donde estuvieran The Beatles.

Su primera presentación en la televisión estadounidense fue vista por más de 74 millones de personas, es decir, casi la mitad de la población de los Estados Unidos sintonizó *The Ed Sullivan Show* el 9 de Febrero de 1964 para ver a The Beatles.

A ello le siguió una exitosa gira por estadios que sería el inicio del fin para el grupo, pues a pesar de desarrollar sistemas de sonido especializados (en aquella época) para conciertos, el delirio de la gente provocaba que ni ellos se llegaran a escuchar por la cantidad de gritos que había a su alrededor. Algo que Ringo Starr inmortalizó con la frase "Nunca sentí que el público viniera a escucharnos, creo que solo venían a vernos". Y como la mayoría de fans eran mujeres, el éxito de The Beatles provocó también que los hombres se pusieran celosos, intentando incluso disparar al avión en el que viabajan Ringo, George, Paul y John, según narra el libro *The Beatles, Day by Day.*

La beatlemanía siguió el curso del empoderamiento juvenil, que años más tarde se materializaría en las protestas estudiantiles de 1968, e incluso hay quienes consideran que la beatlemanía fue un catalizador para el feminismo.

LOS FANS PUEDEN CAMBIAR EL MUNDO

Desde entonces se han utilizado cualquier tipo de nombres o etiquetas para encasillar a los fanáticos, etiquetas que, cuando el fanatismo trasciende a la música, terminan abanderando a nuevas tribus, subculturas, formas de ver la vida en donde miles de personas se ven aceptadas y reflejadas en su ideología, su forma de vestir o las personas con las que se relacionan, desde los punks, emos y rockeros, hasta los poperos, reguetoneros, raperos, cumbieros y traperos.

Estas comunidades, fandoms, armys, o como les queramos denominar, nos ofrecen la oportunidad de sentirnos arropados, cobijados e identificados por otras personas que comparten nuestros mismos intereses, valores e ideales, y de esta manera, reforzamos nuestra propia identidad.

El fenómeno del fan es mucho más profundo de lo que parece, pues el fandom puede convertirse en una experiencia extremadamente tóxica, en donde las personas admiradas pasan a ser vistas como héroes, ídolos, o personas infalibles cuyas acciones y discursos son perfectos y absolutos.

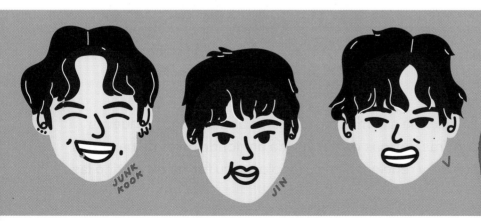

Esta visión permea en la vida diaria de los fans a niveles inimaginables. Cómo se visten, cómo se comportan, a qué lugares van o qué platillos comen, hasta el nombre con el que muchas personas deciden bautizar a sus hijos.

De acuerdo con datos oficiales del Registro Civil de la Ciudad de México en el año 2000, tres años antes de que se estrenara la exitosa telenovela *Rebelde*, tan solo existían 15 niñas con el nombre de Mía en la capital del país.

El efecto de Mía Colucci y RBD en los nombres de niñas de la Ciudad de México llegó a niveles insospechados, tanto que, en 2004, tan solo unos meses después del estreno de la novela, se registraron 184 niñas con el nombre de Mía; para 2005 veríamos un aumento del 264%, cuando se registraron más de 670 niñas con ese mismo nombre, y para el 2015 —cuando sospechamos que muchas de las personas que crecieron viendo *RBD* comenzaron a tener hijos— el nombre de Mía era extremadamente popular, llegando a 1267 registros, tan solo en la Ciudad de México.

Algo similar ocurre con el futbol y el nombre de Leo, que fue el segundo nombre más común en Cataluña en el 2020, parte de la herencia de Lionel Messi con el Barcelona, en tanto que en

Estados Unidos no solo el nombre de Taylor (por Taylor Swift) ha cobrado relevancia, sino que también lo han hecho los nombres de algunos personajes que aparecen en sus canciones, como Marjorie, Dorothea, Scarlet o Lavender.

La llegada de las redes sociales ha permitido que los fandoms puedan organizarse, sincronizarse y relacionarse de manera simultánea en varias partes del mundo. Un ejemplo de ello es lo que ocurre con BTS, cuyo army se encarga de posicionar absolutamente cualquier cosa relacionada con el grupo entre los principales tópicos de conversación en plataformas como TikTok, X (antes Twitter), Snapchat, Instagram o Youtube.

Los términos fan, fandom, friqui, suelen venir acompañados de un estigma social, un estereotipo cargado de connotaciones negativas en torno a sus creencias, acciones, e identidades, incluso como herramientas para denostar o desacreditar a alguien. Sin embargo, los fans están cambiando al mundo de muchas maneras.

Las swifties pueden cambiar el destino de una elección política en Estados Unidos de la misma manera en la que aumentaron la audiencia e interés por eventos deportivos como la NFL y el Super Bowl tras el romance de Taylor Swift con Travis Kelce de los Kansas City Chiefs.

La fanaticada de equipos como el Real Betis en España o el Besiktas de Turquía organizan cada año una colecta de peluches que avientan al campo de juego para beneficio de niños afectados por sismos, guerras o fenómenos naturales.

Iniciativas como Live Aid han visto en la música el vehículo para tratar de acabar con la hambruna en África, en tanto que BTS ha sumado fuerzas con Unicef para promover el derecho universal a la educación o la importancia de la salud mental en niños y adolescentes.

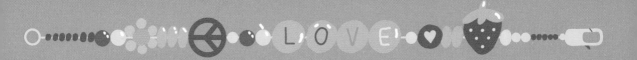

Los ideales de libertad, igualdad de derechos y un mundo libre de guerras y pobreza han sido un denominador común en donde convergen la música, el activismo y los diversos fandoms.
El apoyo a luchas como el movimiento por los derechos civiles y las manifestaciones contra la guerra de Vietnam enmarcaron una revolución cultural dando pie a himnos de protesta creados por artistas como John Lennon, Bob Dylan o Joan Baez, quienes comenzaron a utilizar su plataforma para transmitir estos mensajes y conectar con sus fans y todas aquellas personas con las que compartían estos ideales.

Este ejercicio llevó al surgimiento de lo que hoy en día es una de las mejores experiencias que podemos vivir todas aquellas personas que amamos la música: los festivales.

LA EVOLUCIÓN DE LOS FESTIVALES:
De la cultura y la protesta a los negocios y franquicias multimillonarias

¿Pensaban que los festivales son un invento moderno? Según los historiadores, los festivales de música tienen su origen en el año 4500 antes de Cristo, cuando los egipcios realizaban días celebraciones de música y danza en honor a sus dioses durante varios días. Esta práctica después fue adoptada por los griegos y los romanos durante la Edad Media.

Pero si hablamos del primer festival musical de la era moderna, el honor corresponde al festival Feis Ceoil, un evento de música tradicional irlandesa que tuvo su primera edición en 1897 y que, a la fecha, se sigue celebrando cada año en Dublín.

El primer festival de música de la era contemporánea no se celebraría en Estados Unidos o Reino Unido; dicho honor correspondió a Francia, con el Festival de Jazz de Niza celebrado tras el fin de la Segunda Guerra Mundial en 1948, con auténticos headliners de lujo, como Louis Armstrong & His All-Stars, George Barnes y Django Reinhardt.

Años más tarde, se tendría registro del primer gran concierto de rock organizado en el continente americano: el Moondog Coronation Ball, el cual se celebró el 21 de marzo de 1952 en Cleveland, Ohio, presentando actos como Paul Williams & His Hicklebuckers, Tiny Grimes & His Rocking Highlanders, The Dominoes y Varetta Dillard. ¿El costo del boleto? 1 dólar con 50 centavos y presuntamente por un "error de impresión" los organizadores habían vendido más boletos de los que permitía la capacidad de la Arena de Cleveland.

Así que podemos imaginar lo que pasó: viernes por la noche, primera vez que el rock & roll convocaba a una multitud en un concierto masivo en el que convivirían blancos y negros bajo el mismo techo con la euforia e intención de entregarse al rock, al baile y a lo que en aquella época era considerado como "lo prohibido".

El "error de impresión" provocó que llegaran más de 20 mil personas a un espacio planeado para albergar a 9 mil 500, así que una vez que la Arena de Cleveland alcanzó su capacidad máxima, comenzaron los disturbios. El festival duró apenas 45 minutos antes de que la policía interviniera, repartiera macanazos por doquier y cancelaran el evento que, al día siguiente, sería inmortalizado por el periódico *The Plain Dealer* como "El big bang del rock & roll", un suceso que hoy en día podría parecer vergonzoso, pero que para la ciudad de Cleveland fue motivo de orgullo, al punto en el que presumen ser la ciudad que "inventó" los conciertos de rock.

Dos años después, en 1954, se celebraría el First Annual American Jazz Festival bajo la tutela del pianista George Wein, el cual contó con las presentaciones de Billie Holiday y Ella Fitzgerald ante la presencia de unos seis mil asistentes. Claramente no fue negocio.

Pese a ello, a inicios de la década de los sesenta surge el Newport Folk Festival, el cual es considerado por muchas personas como el antecesor de Woodstock gracias a su conexión con los movimientos de protesta, pues su escenario sirvió de plataforma para artistas como Joan Baez y un tal Bob Dylan, quienes terminaron jugando un papel importante en los movimientos por los derechos civiles y contra la guerra de Vietnam.

BOB DYLAN

MONTEREY INTERNATIONAL POP FESTIVAL:
El pionero de los festivales modernos

Pero el evento que sentaría las bases para lo que hoy conocemos como un festival de música, fue el Monterey International Pop Festival, celebrado del 16 al 18 de junio de 1967 en Monterey, California durante el apogeo del movimiento hippie. Surgió a partir de una idea de John Phillips, líder de The Mamas & The Papas para apoyar al movimiento hippie y otras causas benéficas, convenciendo a los artistas de actuar gratis y donar todas las ganancias de los boletos (que costaban 3 dólares) a distintas obras de caridad.

El festival congregó a más de 50 mil personas, quienes presenciaron las actuaciones de The Byrds, Buffalo Springfield, Janis Joplin, Ravi Shankar, Otis Redding, The Mamas & The Papas (obviamente) y por supuesto de Jimi Hendrix cuya imagen prendiendo fuego a una guitarra se convertiría en un nuevo estandarte para el rock y los festivales musicales.

UN MITO LLAMADO WOODSTOCK

Pero si un festival pudo quedarse grabado en el imaginario colectivo de la humanidad (aunque no hubieran estado ahí) ese fue el Festival de Música y Arte de Woodstock, un parteaguas en la historia de la música que tuvo lugar del 15 al 18 de agosto de 1969 en las afueras de Nueva York, congregando a más de 500 mil personas.

Woodstock se convirtió en el ícono de la música de protesta, bajo los ideales del pacifismo, el amor libre, la vida en comunas, así como el rechazo al sistema y al capitalismo, enmarcados bajo la bandera del arco iris, las coronas de flores y el símbolo de amor y paz.

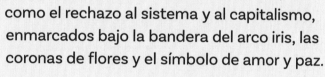

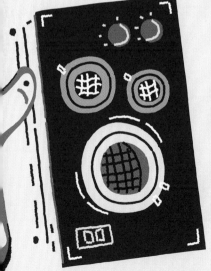

Pese al temor de las autoridades por los conflictos que se pudieran generar al congregar a tantos jóvenes en un mismo lugar, el festival transcurrió sin mayor contratiempo, más allá del consumo libre de drogas y, por supuesto, de los retrasos generados por las lluvias, lo que provocó que Jimmy Hendrix, programado para tocar la noche del domingo, subiera al escenario hasta el lunes por la mañana.

Creedence Clearwater Revival fue la primera banda en firmar un contrato para tocar en Woodstock a cambio de 10 mil dólares, una cifra que animó al resto de los artistas invitados como The Who, Janis Joplin, Joe Cocker, Grateful Dead y al propio Hendrix a firmar sus respectivos contratos, comenzando así la era de los festivales como negocio. Una ironía que esto haya sido precisamente, en el festival que pretendía ser un símbolo de la lucha contra el capitalismo.

Mientras esto ocurría en Estados Unidos, **los festivales se replicaban en diversas partes del mundo:** Isle of Wight en 1969 presentaba a Bob Dylan, quien había decidido no actuar en Woodstock, en tanto que el icónico festival de Glastonbury celebró su primera edición en 1970, justo el día después de la muerte de Jimmy Hendrix, presentando a The Kinks como headliner de cartel.

UN MITO LLAMADO AVÁNDARO

NADIE PREVINO LO QUE AHORA TODOS SE ASUSTAN Y CENSURAN!

EL INFIERNO EN AVÁNDARO!

ASQUEROSA ORGÍA HIPPIE!

En 971, México se convulsionó con la celebración del Festival Rock y Ruedas (R&R) de Avándaro, el mayor concierto de rock en la historia de la cultura mexicana hasta ese momento. Reunió a más de 200 mil jóvenes en las inmediaciones de Valle de Bravo, en el Estado de México.

El festival es un retrato de la represión gubernamental que vivía la juventud en México, tras las matanzas de Tlatelolco de 1968 y el "Halconazo" de 1971, emarcados en la llamada Guerra Sucia.

Los hippies mexicanos —llamados despectivamente como "jipitecas"— crearon una corriente contracultural llamada "La Onda", la cual no incitaba a un levantamiento armado contra el gobierno, pero sí buscaba un cambio radical, lo que generó todo tipo de censuras por parte de las autoridades.

Lo que casi nadie sabe de Avándaro es que, a 60 años de historia, hay muchos nombres que las nuevas generaciones conocemos por todo tipo de razones, ¡menos por ser **protagonistas del festival de rock más icónico de nuestro país!**

Por ejemplo Luis de Llano, a quien ubicamos por su trabajo en Televisa como productor de telenovelas como *Agujetas de color de rosa*, *Alcanzar una estrella*, así como bandas como Kabah, Garibaldi, Timbiriche o Microchips, fue uno de los organizadores de Avándaro.

La idea original de Luis de Llano era que el Festival de Rock y Ruedas de Avándaro fuera una carrera de autos que incluyera un concierto de rock & roll.

La carrera se celebraría el sábado por la mañana e inmediatamente después se presentarían únicamente dos bandas: La revolución de Emiliano Zapata y Javier Batiz.

Una vez que ambos actos rechazaron las ofertas, los organizadores decidieron armar un cartel con 12 actos que tocarían durante todo el sábado para dar paso a las carreras de autos la mañana del domingo.

24 HORAS

Los boletos costaron 25 pesos de aquel entonces, Jacobo Zabludovsky, a quien conocimos por su trabajo en el noticiero *24 horas* y su constante cercanía con el poder, fue en aquel entonces una de las voces que más impulsó la compra de boletos.

El festival se transmitiría por Radio Juventud gracias a un acuerdo logrado entre Justino Compeán (conocido por su papel como presidente de la Federación Mexicana de Futbol), quien se desempeñaba como parte de los organizadores de Avándaro y el expresidente Vicente Fox Quesada, que en aquel entonces era ejecutivo de Coca Cola y firmó el patrocinio del festival.

Por supuesto que el festival se desarrollaría con muchos problemas provocados por la lluvia y el sobrecupo de personas que la expectativa generó, al grado de que la carrera de autos tuvo que ser suspendida y el festival adelantado con un "prefestival" para evitar que hubiera desmanes.

La lluvia provocó un gran lodazal y, por supuesto, muchas fallas técnicas en el sonido de las presentaciones de artista como Soul Masters, Three Souls In My Mind o los Dug Dug's.

La lluvia, el lodo y el sobrecupo generaron un gran caos, el cual provocó que el presidente Luis Echeverría aprobara enviar autobuses y ayuda para recoger a los asistentes y traerlos de regreso a la ciudad.

A pesar de no registrar ni una sola desgracia, el festival de Avándaro provocó la prohibición de conciertos y eventos masivos para jóvenes en nuestro país.

Los medios de comunicación dieron cuenta de Avándaro como "Un éxtasis de inmoralidad", una "asquerosa orgía hippie" y por supuesto el famoso encabezado de la revista Alarma!, que reportaba "encueramiento, mariguaniza, degenere sexual, mugre, pelos, sangre, muerte".

Aunque, insisto, nada como la paradoja de ver que el festival "más rebelde" de la historia de nuestro país ocurrió gracias a personajes como Luis de Llano, Justino Compeán, Jacobo Zabludovksy y Vicente Fox Quesada.

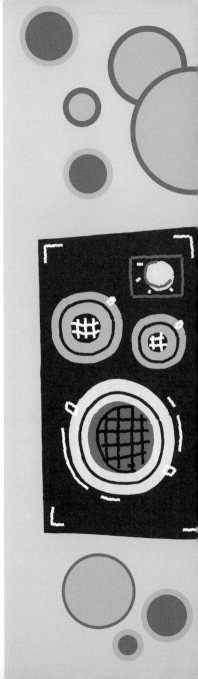

LOS FESTIVALES COMO CATALIZADOR SOCIAL

Que el Monterey International Pop Festival tuviera un fin benéfico fue tan solo el inicio, pues las siguientes décadas verían la consolidación de conciertos o festivales como vehículos de conciencia social: en agosto de 1971, George Harrison y Ravi Shankar darían dos conciertos en el Madison Square Garden de Nueva York para recaudar fondos para los refugiados de Bangladesh.

En los ochenta, Bob Geldof reuniría a David Bowie, Queen, U2, Led Zeppelin, Elton John, Sting, Paul McCartney y muchos artistas más para Live Aid, un concierto celebrado en diversas partes del mundo con el fin de recaudar fondos para combatir la hambruna en Etiopía.

Live Aid ha sido uno de los mayores esfuerzos mediáticos para un concierto benéfico, se transmitió a todo el mundo, se crearon locaciones en Estados Unidos, Inglaterra, Francia y Alemania, entre otros países, y tuvo a Phil Collins presentándose en Londres

ELTON JOHN

BRIAN MAY

para después tomar un helicóptero de Wembley al aeropuerto de Heathrow, donde abordó un Concorde para volar a Nueva York, tomar otro helicóptero y presentarse en Philadelphia. Si bien los artistas no cobraron, la producción requerida para todo el evento significó que parte del dinero recaudado sirviera para financiar la producción del mismo, dejando en ganancias para Etiopía una cantidad aproximada a los $150 millones de dólares.

Algo similar ocurrió con el Live 8 del 2005, un evento que buscaba conmemorar los 20 años de Live Aid y al mismo tiempo presionar a los gobiernos del G-8 para que tomasen acciones más efectivas para erradicar la pobreza en todo el mundo. Para el Live 8, Bob Geldof logró cerrar la reunión de Pink Floyd, además de presentar a U2, Paul McCartney, Madonna, Coldplay, Robbie Williams y muchos más. Pese a las críticas, Live 8 logró su cometido, pues tras la celebración de los conciertos, los países que conforman el G-8 (Alemania, Canadá, Francia, Italia, Japón, Estados Unidos, Reino Unido y Rusia) anunciaron que duplicarían el presupuesto que tenían destinado para combatir la pobreza en África.

FESTIVALES Y DESARROLLO TECNOLÓGICO

Los conciertos y festivales han sido vehículos importantes para el desarrollo tecnológico: desde la creación de mejores y más potentes sistemas de sonido capaces de transportar la música a miles de personas en un solo espacio, el desarrollo de sofisticadas pantallas, fuegos pirotécnicos y escenarios voladores, hasta la manera en la que hoy en día entramos a conciertos con un código de barras en vez de boletos físicos, o compramos nuestros alimentos y bebidas con brazaletes inteligentes, en vez de billetes y monedas.

Pero si hubo un festival que centró su discurso en el desarrollo tecnológico fue el US Festival creado por Steve Wozniak, cofundador de Apple.

JOEY RAMONE

Celebrado el 3 de septiembre de 1982 en San Bernardino, California, el US Festival buscaba ser mucho más que un festival de música donde se presentaron Fleetwood Mac, The Ramones, Tom Petty & The Hearbreakers, The Kinks, Grateful Dead, Santana, The Police y muchos más.

La visión de Wozniak consistía en ofrecer la mejor experiencia posible para los asistentes, por lo que no solo se desarrolló un sistema de audio de 400 mil vatios para que todos los asistentes pudieran escuchar la música de la manera más nítida posible, sino que también se realizó una distribución de espacios que permitía a todos los asistentes ver lo que ocurría en el escenario a través de pantallas estratégicamente ubicadas, un concepto innovador para la época que, además, contemplaba la instalación de carpas con aire acondicionado para que la gente pudiera escapar del calor y jugar videojuegos con un Atari. Se estima que en la primera edición del US Festival, Wozniak perdió algo así como 10 millones de dólares, pero lejos de desanimarlo, las pérdidas le motivaron a realizar una segunda edición del festival en 1983 aún más grande y trascendente: cuatro días de música, cada uno tematizado de acuerdo a los artistas invitados: un día dedicado al New Wave con INXS, Men At Work o The Clash; otro enfocado al rock, con Los Lobos, David Bowie o U2; uno más para el country, con Willie Nelson y el más arriesgado de todos, el día del heavy metal con Ozzie Osbourne, Mötley Crüe, Van Halen, Scorpions y Judas Priest.

La visión tecnológica y futurista de Wozniak llevaría al límite las relaciones diplomáticas entre Estados Unidos y la Unión Soviética en plena Guerra Fría, pues quería mostrar al mundo el poder de la música, por lo que se encargó de lo imposible en aquella época: realizar una transmisión vía satélite del festival a las calles de Moscú y viceversa, mostrando en California las imágenes de los ciudadanos rusos saludando a las cámaras o reaccionando a las presentaciones de los grupos. El mensaje era claro: **la música puede unirnos y los conflictos políticos no tendrían que significar que los ciudadanos nos odiemos, aun sin conocernos.**

DAVID BOWIE

El US Festival 1983 volvió a registrar pérdidas económicas y nunca más se volvió a realizar. Pero sin lugar a dudas fue un catalizador para que otros festivales pusieran mayor atención en la experiencia de los asistentes, ofreciendo mejores sistemas de audio, pantallas para ver lo que ocurre sobre el escenario, puestos de alimentos y bebidas, y hasta áreas de descanso o esparcimiento.

LOLLAPALOOZA:
EL FESTIVAL QUE CAMBIÓ LA HISTORIA MODERNA DE LOS FESTIVALES

Las pérdidas económicas que dejaron Woodstock, US y otros eventos similares en los Estados Unidos dejaron un panorama árido en cuanto a festivales se refiere. Y como suele suceder a lo largo de la historia, las grandes ideas suelen llegar por accidente.

Jane's Addiction fue una de las primeras bandas de rock alternativo que lograron trascender a finales de los ochenta e inicios de los

noventa, abriendo camino a lo que posteriormente conoceríamos como el grunge o escena alternativa.

Si bien, su éxito comercial nunca alcanzó niveles estratosféricos, la influencia artística y cultural es algo que trascendió con el modelo de negocio y creación de festivales que conocemos hoy en día.

En 1991 Jane's Addiction anunció su separación con una gira, que lejos de ser una serie de conciertos tradicionales, sería un festival itinerante en el que además de celebrar sus últimas presentaciones como grupo, compartirían escenario con bandas a las que admiraban como Siouxsie and the Banshees o The Violent Femmes, así como nuevas propuestas o talentos como unos tales Nine Inch Nails.

Así fue como en 1991 nació Lollapalooza, un nombre que viene de "Lallapalootza", un término utilizado en el siglo XIX para refererise a "una cosa, persona o evento extraordinario o inusual".

Sin lugar a dudas, <mark>Lollapalooza fue algo extraordinario e inusual en la década de los noventa:</mark> un festival itinerante que cada verano recorría las principales ciudades de los Estados Unidos para presentar a bandas como los Beastie Boys, Red Hot Chili Peppers, Pearl Jam, Soundgarden, Alice in Chains, The Flaming Lips, Cypress Hill y The Verve, entre muchos otros, con el fin de convertir lo alternativo en algo más comercial.

Irónicamente, Lollapalooza terminaría siendo víctima de su propio éxito, pues conforme aumentó su relevancia en el mundo del entretenimiento también aumentó la complejidad de contratar artistas relevantes. En 1994 Nirvana declinó la oportunidad de presentarse en Lollapalooza al considerarlo "demasiado comercial", y para 1996 Metallica se convirtió en la cabeza del cartel, en un movimiento que se consideró como "el fin de lo alternativo". En 1997, los organizadores quisieron volver

a sus raíces, presentando un cartel menos comercial y más enfocado a la electrónica con The Orb y Prodigy, pero la estocada estaba puesta y para 1998 Lollapalooza había desaparecido tal y como lo conocíamos, no sin antes ser un ejemplo e influencia para la creación de festivales como Coachella, Bonnaroo, Ultra Music Festival, Austin City Limits y un gran etcétera.

Pero si Lollapalooza había sido creado para la gira del adiós de Jane's Addiction, sería precisamente la reunión de este grupo la que permitió el regreso del festival en 2003, solo que ahora adoptaría como sede fija la Ciudad de Chicago, donde se ha consolidado como **uno de los mejores festivales de todo el mundo no solo musicalmente hablando, sino también como negocio,** capitalizando su popularidad para expandirse a otras latitudes y crear "franquicias" en las que prometen recrear la experiencia de manera tropicalizada, como lo han hecho desde el 2011 en Chile, Brasil, Argentina, Alemania, Suecia, Francia e India. Básicamente, se convirtió en el Oxxo de los festivales.

GLASTONBURY:
EL REY DE LOS FESTIVALES

Pero si hay un festival que es sinónimo de relevancia y trascendencia cultural, ese es el festival de Glastonbury, celebrado cada verano en el Reino Unido y creado por un granjero llamado Michael Eavis quien, inspirado por el movimiento de Woodstock y el Festival de la Isla de Wight, decidió abrir las puertas de su granja para celebrar el Pilton Pop, Folk, and Blues Festival en 1970. El boleto costaba 1 libra esterlina e incluía barra libre de la leche extraída de sus vacas. Cabe resaltar que Marc Bolan y T-Rex acudieron al rescate tras la cancelación de The Kinks, anunciados como cabezas de cartel.

Tras una experiencia que reunió a más de 1500 personas, Michael Eavis decidió cambiar el nombre y fecha del festival, y en 1971 nació el Festival de Glastonbury tal y como lo conocemos ahora, que se celebra para coincidir con el solsticio de verano y como un manifiesto que busca resaltar la convivencia humana como un enfoque ecológico y espiritual a través de la música.

Fue esta segunda edición la que también incorporó el icónico escenario en forma piramidal, inspirado en la pirámide de Giza en Egipto y el efecto espiritual que puede tener sobre la gente. Este primer escenario fue construido por láminas de aluminio que reflejaban la luz del sol, lo que permitía que se pudiera ver a kilómetros de distancia.

David Bowie fue el encargado de encabezar la segunda edición del festival que, posteriormente tomaría una pausa para replantear su existencia y regresar en 1979 para abrazar sus ideales y enriquecerse no solo con música, sino a través de la danza, la poesía y teatro, con lo que se convirtió en el festival más importante del mundo y el de mayor trascendencia en la cultura. En él han desfilado algunas de las figuras más importantes de la música contemporánea, desde David Bowie, Paul McCartney, Van Morrison, James Brown, Brian Wilson, Stevie Wonder, Neil Young, Ginger Baker, Elton John y The Rolling Stones, hasta The Smiths, The Cure, Oasis, Radiohead, Blur, Coldplay, Arctic Monkeys, Jay-Z, Adele, Taylor Swift, Billie Eilish, Kendrick Lamar y Dua Lipa.

ADELE

A ello, hay que agregar la trascendencia social de Glastonbury, pues sirve como una plataforma para la creatividad y el intercambio de ideas como el escenario The Left Field, creado para el debate político y que año con año ofrece diversas charlas y debates, donde han participado figuras como el Dalai Lama o sir David Attenborough para alertar sobre el cambio climático.

Por si fuera poco, **el Festival de Glastonbury mantiene su filosofía filantrópica donando cada año todas las ganancias a organizaciones benéficas** como Greenpeace, Oxfam Water Aid, para apoyar la lucha por un mundo más limpio, justo y sostenible.

De esta manera, Glastonbury ofrece una experiencia única a todos sus asistentes que año con año viajan a la granja de Worthy en Pilton, Somerset, para acampar y conectar entre la música y los ideales de equidad, justicia, paz y la construcción del mundo en el que queremos vivir y cohabitar.

¿CUÁNTOS FESTIVALES HAY EN EL MUNDO?

LA IMPORTANCIA ECONÓMICA Y SOCIO-CULTURAL DE LOS FESTIVALES DE MÚSICA

Ir a un festival de música se ha convertido en un souvenir de vida para todos aquellos que hemos experimentado la música en el siglo XXI. Lo que en los sesenta comenzó como parte del movimiento hippie y en los ochenta se redefinió con un espíritu de igualdad social, en los noventa se convirtió en la catapulta de lo alternativo para ser en la actualidad una de las industrias más fructíferas. Los festivales se convirtieron en un motor económico para las ciudades, pues atraen el turismo y activan el comercio local (hoteles, restaurantes, transporte y merch), lo que genera miles de empleos: productores, ingenieros en audio, luz, video, boleteros, gente de seguridad, de limpieza, etcétera. Es imposible saber cuántos festivales se realizan en el mundo, pero se han convertido en la mayor expresión de diversidad cultural y pertenencia.

LOS MEJORES FESTIVALES DEL MUNDO A LOS QUE TIENES QUE IR:

A lo largo de mi vida, he tenido la oportunidad de asistir a muchos festivales en diversas partes del mundo, desde los infaltables Vive Latino o Corona Capital que año con año se celebran en la Ciudad de México o el maravilloso festival Pa'l Norte en Monterrey, hasta Rock in Rio en Río de Janeiro, Coachella en Los Angeles, o Tomorrowland en Bélgica. Estos son algunos de mis favoritos:

Sopitas en el festival de Reading en el 2003

READING FESTIVAL:

El primer festival al que fui en mi vida y uno de los más amigables a los que se puede asistir, gracias a su cercanía con Londres (40 minutos en tren) y al espíritu que se respira en cada edición, pues se celebra durante el último fin de semana de agosto, sirviendo como punto final a la temporada festivalera del verano europeo. Así que es la última fiesta antes de volver a clases, al trabajo y, en el caso de los ingleses, el último fin de semana del verano, antes de prepararse para un frío otoño y un aun más más crudo invierno. Musicalmente está enfocado al rock alternativo y nuevas tendencias.

LOLLAPALOOZA CHICAGO

La encarnación moderna de Lollapalooza es uno de los más prácticos para cualquier asistente a los festivales, toda vez que se celebra en el céntrico Grant Park y cuenta con una política de puertas abiertas. Es decir, que puedes entrar al festival a ver algún acto tempranero, y salir del mismo para comer, volver a tu hotel a descansar y regresar más tarde para los actos principales, sin preocupación alguna.

TOMORROWLAND

No importa que no seas tan clavado de la música electrónica. Las diferentes "aldeas" y escenografías temáticas a gran escala, que se construyen año con año dentro de este festival, hacen que sea una experiencia inolvidable.

211

PRIMAVERA SOUND BARCELONA

¿Imaginas disfrutar de tus bandas favoritas a un costado del mar? Primavera Sound es conocido por sus impresionantes alineaciones musicales, pero la experiencia del Parc del Forum, a un costado del mar Balear, es un escenario idóneo en cuanto a comodidad, frescura y experiencia visual para los asistentes.

LIVE 8

Claramente soy una persona cursi e idealista. Ser testigo de la única reunión de Pink Floyd y otras colaboraciones especiales en Hyde Park de Londres es algo que no olvidaré. Y aunque desconozco si habrá futuras ediciones, algo importante que nos han enseñado los festivales, y que no podemos (ni debemos) dejar morir, es significar la música como un agente de cambio social en favor de los más desfavorecidos.

¿A CUÁLES ME GUSTARÍA IR?

Por supuesto que Glastonbury sigue estando en mi bucket list y espero se me cumpla pronto.

¿Cuáles son tus festivales favoritos y cuáles son aquellos a los que te gustaría ir alguna vez en tu vida?

_____

_____

_____

_____

_____

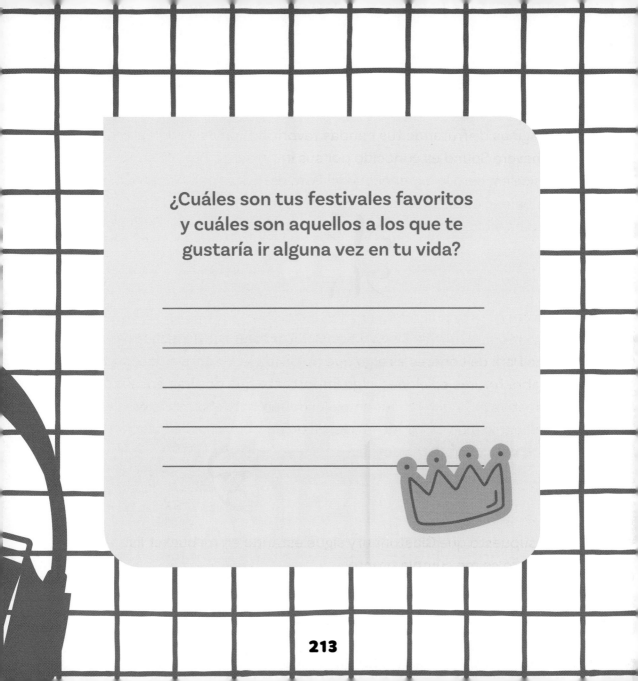

VII

EL
FUTURO
DE LA
MÚSICA

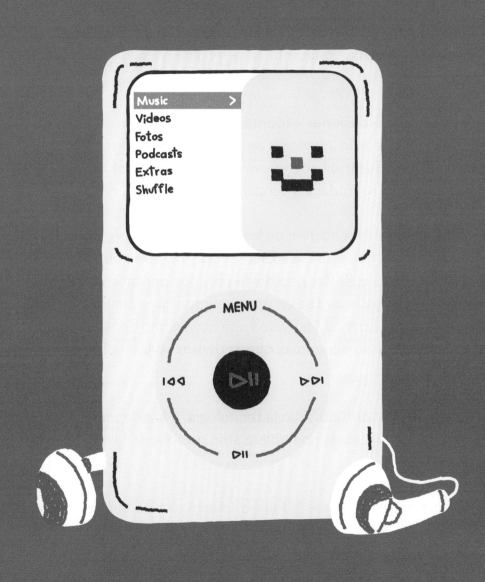

Desde Guido de Arezzo y la invención de las notas musicales hasta nuestros días, la única constante en la música (y en la humanidad) ha sido la evolución.

De los cantos y percusiones espontáneas al desarrollo de instrumentos; desde la invención de las notas y la escritura musical hasta el desarrollo de nuevas tecnologías que han permitido grabar, reproducir y amplificar el sonido.

De los los vinilos a los casetes, de los casetes a los compactos, la irrupción del mini disco, el LaserDisc y el Blu-ray, antes de llegar a un sinfín de formatos digitales que hoy en día nos permiten escuchar nuestras canciones favoritas en unos cuantos clics. De los primeros conciertos a los enormes festivales que hoy se han convertido en una de las mejores experiencias que podemos vivir en diversas partes del mundo.

La evolución no se entiende sin la tecnología, y la adopción tecnológica a gran escala no hubiera sido posible sin la música y el esparcimiento.

En 1857, el tipógrafo francés Édouard-Léon Scott de Martinville quiso preservar la música de una manera en la que futuras generaciones pudieran conocer las canciones (y sonidos) que eran populares en aquella época.

Con la ayuda de un barril al que colocó una aguja y un cilindro que giraba para marcar una funda de papel cubierta con hollín, el francés inventó el fonoautógrafo, que sería el primer dispositivo que pudo grabar y reproducir el sonido, siendo la melodía francesa "Au clair de la lune" la primera canción que se grabó en la historia.

El invento fue un fracaso, pero sirvió para que años más tarde Thomas Alva Edisson pudiera tener una referencia al momento de inventar el fonógrafo, el cual evolucionaría al finalizar la Primera Guerra Mundial para convertirse en el tocadiscos, o, como dicen los "modernous", el tornamesas, el dispositivo y/o formato que más tiempo ha perdurado y trascendido.

REVOLUCIÓN SONORA:
CÓMO LA TECNOLOGÍA TRANSFORMÓ LA FORMA DE ESCUCHAR MÚSICA

Para los setenta llegaron los casetes, que funcionaban gracias a una cinta magnética enrollada en una bobina que giraba de un lado a otro de la cinta, para así escuchar las dos caras del casete.

La gran ventaja que ofrecía respecto al vinil es la portabilidad y una mayor fidelidad en sonido, aunque, al mismo tiempo, tenía la desventaja de no poder seleccionar la canción exacta que querías escuchar.

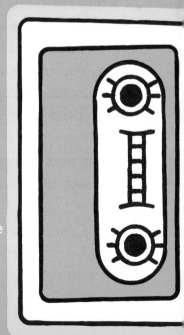

El éxito de este formato incentivó a que diversas compañías desarrollasen dispositivos ultraportátiles como el Walkman, lanzado por Sony en 1979, y que llegaría a sustituir a los "portátiles" que existían en aquella época, como el Regency TR-1, que es apodado como el "padre de la música transportable", a pesar de que pesaba más de medio kilo, o el Phillips EL-3300 R player que pesaba casi dos kilos, pero que sirvió para que muchos artistas pudieran grabar ideas o demos durante sus giras. Un ejemplo es el riff de guitarra que escuchamos en "Street Fighting Man", de los Rolling Stones, el cual se logró con una toma amplificada de la guitarra de Keith Richards grabada en un Phillips EL-3300.

Por su lado, también estaban las emblemáticas boombox, aquellos estéreos portátiles que pesaban más de dos kilos y medían más de medio metro de largo —y que seguro tenían en casa de tus abuelitos—. Estos se popularizaron gracias a la comunidad afroamericana, que los llevaba al hombro mientras caminaba por las calles del Bronx en Nueva York, convirtiéndolos en un sinónimo de hip hop, pues los boombox **aprovechaban su gran tamaño para potenciar las vibraciones del bajo,** un elemento fundamental en el desarrollo de este género.

Las denuncias por el ruido en las calles por parte de los vecinos, más lo incómodo que resultaba su traslado,

impulsaron al inventor germanobrasileño, Andreas Pavel, a desarrollar un dispositivo que denominó "stereobelt", un aparato que sujetabas a tu cuerpo con un cinturón para disfrutar de la música mientras caminabas por las calles. **Su visión no era ser millonario, sino llevar la música a las calles,** una expresión contracultural con la que Andreas Pavel creía que se podía combatir el racismo y la represión política de aquella época en Brasil.

Como suele suceder con los grandes inventores, Andreas Pavel vio a empresas como Yamaha, Phillips o Grundig, rechazar su invento, por lo que en 1977 decidió patentarlo en Estados Unidos, Alemania, Inglaterra, Italia y Japón.

Es precisamente en este último país donde el cofundador de Sony Electronics, Masaru Ibuka, encontró en los tediosos viajes intercontinentales la inspiración para un nuevo proyecto: cansado de la monotonía de los vuelos (recordemos que en aquella época no había aviones con televisiones, pantallas, etc.), encargó a su equipo la creación de un dispositivo revolucionario: un reproductor de música ultraportátil.

Inspirados en la tecnología utilizada por las grabadoras de casetes utilizadas por los periodistas de aquella época, el equipo de desarrollo de Sony creó un aparato portátil capaz de reproducir casetes, agregando controles de volumen y de tonos (altos o bajos), así como una correa portátil y un elemento que sería clave hasta nuestros días: unos audífonos con esponjas que permitían que los usuarios pudieran escuchar música a todo volumen sin molestar a otras personas. ¿Lo mejor de todo? Es que el dispositivo funcionaba con tan solo dos pilas AA. El walkman había nacido y con él, la era moderna de la música portátil: dispositivos livianos, pequeños, que puedes llenar de música y llevarlos en tu bolsillo.

La música empezó a ser TU música, donde cada quien podía elegir lo que quería escuchar, así como cuándo y dónde quería escucharlo. El walkman no solo transformó la manera en la que consumimos música, sino también nuestras prácticas sociales, pues ya sea en un avión, en una oficina, o incluso al momento de hacer ejercicio, nos brindó la opción de aislarnos y centrar nuestra atención en nuestras canciones favoritas. Incluso, se cree que gracias al walkman la gente comenzó a hacer más ejercicio en todo el mundo.

Pero no solo ello, la popularidad del walkman impactaría la venta de casetes vírgenes para que la gente pudiera grabar sus propias cintas con canciones que se escuchaban en la radio. Bandas como Sonic Youth o R.E.M. pudieron grabar sus ensayos, los cuales comenzaron a circular de casete a casete por el circuito universitario de Estados Unidos, siendo una parte importante de su éxito y del arraigo de la cultura DIY o "Do It Yourself" que permeó hasta nuestros días bajo el paraguas del indie.

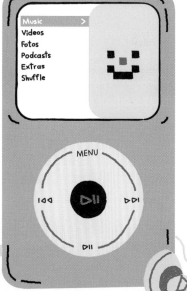

En el 2003, Sony llegó a un acuerdo y decidió pagar una suma por regalías a Andreas Pavel por la invención del walkman, el cual dejó de fabricarse en el 2010 ante la irrupción de dispositivos electrónicos que cumplían con la misma función y mejoraban la experiencia del usuario, como el iPod.

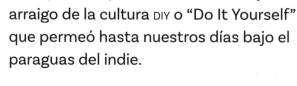

DE GRANDES VINILOS A PEQUEÑOS ARCHIVOS

Una de las grandes contradicciones que tenemos los consumidores de música, es que siempre queremos que nuestras canciones suenen lo más grande o robustas posibles, pero al mismo tiempo se transporten en formatos que sean cada vez más pequeños.

EL VINILO:

Los discos o vinilos existen desde inicios del siglo xx, con diferentes formatos y velocidades de reproducción. Quienes han comprado un vinil o una tornamesa, seguramente recordarán el momento en el que nos encontramos una serie de números que complican toda la experiencia: ¿qué es rpm?, ¿cuál es la diferencia entre 45, 33 1/3, 12 o 7? ¿Por qué parece que necesitamos saber de física cuántica para disfrutar de nuestras rolas favoritas?

rpm significa revoluciones por minuto o, lo que es lo mismo, el número de veces que el disco gira sobre la tornamesa en un minuto. Existen tres velocidades de discos en vinilos, 33 $^1/_3$, 45, y 78 rpm y uno puede escuchar las canciones más rápido (como ardillitas) o más lento si las rpm no se ajustan en los tocadiscos.

Generalmente, todos los tocadiscos vienen estandarizados para girar a 33 rpm, pero los primeros vinilos giraban a 78 revoluciones por minuto y eran fabricados en un tamaño de 10 pulgadas.

Para 1948, Columbia fabricó un vinil de 12 pulgadas que giraba a 33 rpm, que se convirtió en la base para lo que llamamos LP, pues contenían alrededor de 20 a 30 minutos de música por lado, es decir, 60 minutos de música. Un tiempo de reproducción que se estandarizó para la duración de los álbumes. Poco después, RCA Records desarrolló el formato "single" de 7 pulgadas a 45 rpm, conocido como EP, con un tiempo de ejecución más corto que permitía grabar entre 4 y 6 canciones.

Posteriormente se lanzaron los discos de 45 rpm, mucho más pequeños en cuanto a tamaño se refiere, y se popularizaron con el nombre de singles, pues solamente podían almacenar una o dos canciones por cara.

Pero además de revoluciones y tamaños, hay otro elemento clave en el mundo de los vinilos: el gramaje. **Los primeros vinilos se fabricaron con goma laca, un material un tanto frágil que provocaba que el vinil pudiera "brincar" en la tornamesa, y que generaba un molesto sonido con la aguja.**

En un afán de mejoría, la industria comenzó a fabricar los vinilos con cloruro de polivinilo, o PVC, y se dieron cuenta que un vinil que pesara entre 120 y 160 gramos ofrecía una mejor experiencia. Sin embargo, los "brincos" seguían ocurriendo, por lo que se decidió fabricar un vinil que pesara

180 gramos, que es un poco más pesado y que garantiza mayor estabilidad mientras gira en la tornamesa, además de hacerlos más durables, convirtiendo al vinil de 180 gramos en el formato favorito de muchos artistas para editar o reeditar sus obras.

EL CASETE

Los primeros casetes ofrecían un almacenamiento de 45 minutos estéreo por lado, es decir, una mayor capacidad que el LP. Además, era un formato compacto y económico que se vio arropado por el boom de la industria automotriz.

Por supuesto que la invención del casete trajo de la mano un nuevo concepto para la música grabada: la piratería.

Personalmente, pienso que los casetes fueron los precursores de los playlist de hoy en día gracias a la cultura del mixtape, donde cualquier persona podía grabar varias canciones de varios artistas y recopilarlos en un mismo lugar. ¿Quién no ha grabado, enviado y dedicado un CD, casete o playlist a esa persona especial?

Aunque pensamos que son obsoletos, la industria del casete sigue viva gracias a ediciones especiales como los que ha editado Taylor Swift de sus recientes álbumes, los cuales contribuyeron a que en el 2023 se vendieran casi 500 mil casetes en Estados Unidos.

EL DISCO COMPACTO

Creado a inicios de los ochenta, el disco compacto fue uno de los grandes hitos en la historia de la industria musical, pues reunía lo mejor de los formatos que le antecedieron: gran calidad de audio, un formato compacto, portátil y mucho más importante: muy baratos de producir, lo que le convirtió al instante en el formato más popular en las décadas siguientes. El CD también significó el ocaso

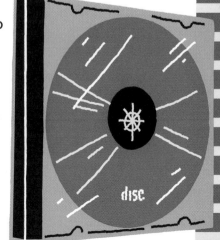

de los formatos físicos, pues con la invención del internet, el acceso a la música fue posible a través de computadoras, lo que incentivó la creación de nuevos formatos como el MP3.

MP3

Pensamos que el MP3 es una invención del nuevo milenio, pero en realidad es un formato que se patentó en 1982. Sí, el mismo año en el que se lanzaron los primeros CD. El MP3 fue desarrollado por el investigador Karlheinz Brandenburg con la idea de comprimir archivos de audio y video para transferirlos vía telefónica.

Por supuesto que no pensaba en canciones, sino en llamadas o conferencias corporativas. De hecho, el gran avance del MP3 ocurre a inicios de los noventa, gracias a AT&T, que buscaba nuevos métodos de compresión para conservar la calidad de la voz en las llamadas telefónicas.

Brandenburg perfeccionó su invento utilizando la canción

"Tom's Dinner" de Suzanne Vega como un test para probar el formato que cambió la manera en la que se distribuye la música tras la explosión del internet con Napster, Kazaa, Ares, The Pirate Bay y por supuesto la llegada de las plataformas de streaming.

EL STREAMING:

El internet transformó radicalmente la manera en que consumimos música. Mientras que el walkman y el discman nos permitieron llevar nuestros discos favoritos a cualquier lugar, dispositivos como el iPod llevaron esa portabilidad a otro nivel, permitiéndonos almacenar miles de canciones. Hoy en día, los teléfonos inteligentes nos han dado acceso a un catálogo prácticamente infinito de canciones a través de las plataformas de streaming.

Sin embargo, esa comodidad conlleva un costo adicional para usuarios y artistas: el consumo

superficial de la música. ¿Cuántas veces no hemos puesto un playlist con el objetivo de escuchar música, pero en realidad escuchamos un ruido genérico que nos acompaña mientras nuestra atención está en otras actividades?

El desarrollo de playlists que prometen ahorrarnos tiempo y esfuerzo en la búsqueda de nuevos artistas se ha convertido en un anzuelo algorítmico que está impactando directamente la manera en la que se crea música.

Un ejemplo es la disminución en la duración de las canciones, pues si en los noventa podían superar en promedio los cuatro minutos, hoy en día la duración promedio de una canción en el top 100 de Billboard se ubica debajo de los tres minutos y medio, algo que podemos palpar, por ejemplo, en gran parte de los éxitos de Dua Lipa, como "Levitating" o "Dance the Night". Grandes canciones que simplemente reflejan la tendencia de la música, que trasciende a otros géneros populares como el trap, reguetón o regional.

¿Qué tienen en común los grandes éxitos de Peso Pluma como "Ella baila sola", "La patrulla" o "Qlona"? Todas duran menos de tres minutos.

El tema no es la duración de las canciones, sino la estructura que han adoptado para quedarse pegadas en nuestras cabezas: rimas simples, repetitivas y sin demasiada profundidad, que habitualmente están construidas con menos de 50 palabras.

Al mismo tiempo, este modelo incentiva el de las plataformas: más canciones, más artistas y más oferta que se traduce a más suscripciones, más publicidad y más ingresos. Sin embargo, esos ingresos no suelen ser distribuidos de manera equitativa con los artistas o creadores.

Si bien las plataformas de streaming han democratizado la industria musical al permitir que cualquier persona pueda compartir su música, el fin económico que tienen es claro, pues al eliminar a los intermediarios tradicionales, estas plataformas maximizan sus ganancias.

Esto ha incentivado a que cualquier persona recurra a la creación de sonidos genéricos desde un estudio con el afán de generar un catálogo de ruidos de fondo, los que nos venden como "ruido blanco" o ruido para la concentración, para la relajación o para mejorar el sueño, y con ello recibir jugosas ganancias que no tienen que compartir con ningún artista.

Y es que las reglas de las principales plataformas de streaming otorgan el mismo pago por reproducción a los artistas falsos y que nos ofrecen un ruido blanco, que a aquellos consagrados como Pearl Jam o los Rolling Stones. La búsqueda algorítmica también limita el descubrimiento de nuevos artistas, salvo que sus obras cumplan con los parámetros que el algoritmo solicite.

Sin darnos cuenta, la música se ha convertido en un fondo sonoro en nuestra vida, y con ello se ha deteriorado su valor artístico, donde el riesgo de acabar rodeados de canciones o discos creados por inteligencia artificial es cada vez más real, entrando a una era en donde la música sería desechable y los artistas intercambiables.

¿CÓMO SERÁ LA MÚSICA EN EL FUTURO?

La revolución tecnológica ha traído consigo grandes beneficios a nuestras vidas, pero también ha traído a la mesa un sinfín de interrogantes que ponen a prueba los límites éticos de toda sociedad.

La música no es indiferente, la irrupción de la inteligencia artificial ha generado que artistas como Billie Eilish, Katy Perry o Bon Jovi alerten sobre los riesgos que la tecnología automatizada representan para las industrias creativas: ¿tendría el mismo valor un acorde creado por un ser humano que aquel desarrollado por un algoritmo con el fin de generar una emoción específica en los humanos?

La industria de los festivales y conciertos ha comenzado a desarrollar avanzados espectáculos con hologramas, como la aparición de Tupac Shakur en Coachella en 2012, hasta el avanzadísimo ABBA Voyage, un espectáculo creado por los integrantes de ABBA, en donde, con tecnología de captura de movimiento, crearon avatares digitales capaces de imitar sus expresiones, gestos y voces cantadas.

Estos avatares actúan en un escenario de realidad
virtual hiperrealista capaz de engañar al ojo humano
y brindar a los asistentes una experiencia confusa,
en donde tu cerebro puede pensar que estás en
uno de sus conciertos, cuando en realidad estás
en un espectáculo de hologramas, que interpretan
los clásicos de abba como "Dancing Queen" o
"Mamma Mia". Una experiencia "única" que en
realidad se repite en varios días y horarios, como si
fuera una función de cine.

¿Acaso el futuro de los conciertos será disfrutar de ilusiones
ópticas con un sonido excepcional, pero con actuaciones
guionadas y sin capacidad de improvisación?

¿Cuáles serán los géneros más populares en 10, 20 o 30 años? ¿En qué formatos o dispositivos estaremos escuchando nuestra música favorita? ¿Cómo serán los conciertos y festivales en un futuro?

_____

_____

_____

A MICRÓFONO ABIERTO

Para cerrar este libro, quise acercarme con diversos artistas, productores, periodistas y promotores de conciertos y festivales para que nos compartan su visión sobre el futuro de la música.

A lo largo de 30 años, Adel Hattem ha ocupado diversos roles en la industria discográfica, jugando un papel importante para el desarrollo de artistas como Coldplay, Robbie Williams, Katy Perry, Arctic Monkeys, Interpol, Björk, The XX, Sharon Van Etten o LAUV, entre otros.

Para Adel, el surgimiento de herramientas desarrolladas con Inteligencia Artificial habría de ayudar a que los artistas sean mejores artistas, al tiempo que señala que estas herramientas difícilmente podrán suplantar el sentimiento humano:

"Quiero creer que va a ser una herramienta para ayudar a artistas a ser mejores en vez de ser algo que los desaparezca. Quiero pensar que, como industria, vamos a buscar una manera de proteger al creativo y no solo ser una máquina de hacer dinero. El consumidor no va a permitir que solo se escuche música generada por una máquina, pero corremos el riesgo de la avaricia que buscará pagar menos derechos o pagar menos regalías, y generar más música con robots para ganar más dinero a corto plazo, en vez de ver el futuro de las generaciones que vienen. Ya hay compañías que lo hacen, algunos de los sonidos de "ambiente" son generados por IA, pero necesitamos llegar a un lugar en donde se proteja al artista. Hoy en día hay más artistas y más talento creativo que en cualquier otro momento".

Una visión similar nos compartió Billie Eilish en entrevista para sopitas.com durante su reciente visita a México:

"Personalmente, con todo lo que tiene que ver con la IA y lo que sea, son herramientas geniales, pero creo que el arte creado por personas nunca va a desaparecer. La emoción humana es tan real y poderosa que no me preocupa el futuro de la música, creo que seguirá el camino que necesita seguir, y si eso cambia, estará bien, pero creo que la composición de canciones nunca desaparecerá".

Por su parte, Gary Lightbody, de Snow Patrol, piensa que la IA es un escenario del que habríamos de alejarnos:

"Es difícil predecir lo que la IA hará con todo, pero personalmente mi enfoque de la música nunca va a cambiar. Siempre me encanta tomar la guitarra o el piano e intentar escribir una canción. Crear una pieza musical de la nada.

"Y eso es lo bonito de la música: tienes silencio y luego llenas ese silencio con algo. Y después tienes algo significativo, con suerte, y eso para mí es la esencia de la música, esta cosa que emana de tu corazón y vibra, produce sonido y otras personas pueden escucharla y pueden oír tu vibración, lo que te conecta posiblemente con todo un planeta o simplemente uno a uno con otro ser humano, lo cual es algo hermoso.

"Definitivamente, todo eso no es algo que puedas encontrar en un algoritmo ni en la inteligencia artificial, pero es lo que nuestro sistema tecnológico está tratando de imponernos. Tenemos que hacer todo lo humanamente posible para escapar de ella (la inteligencia artificial), esa es una buena idea para mí, tratar de dejar eso de lado como sea posible".

Camilo Lara es una de las figuras más trascendentales en la historia contemporánea de la música mexicana. Su talento y versatilidad le han llevado a colaborar en diversos proyectos que van desde el resurgimiento y éxito masivo de Los Ángeles Azules hasta soundtracks de series y películas como *Black Panther: Wakanda Forever* y *Coco*, de Pixar, donde incluso cuenta con su propio personaje animado. Con el IMS (Instituto Mexicano del Sonido), ha logrado crear un estilo único que resuena en México y todo el mundo, demostrando su capacidad para conectar con diversas audiencias a través de su amor por la música.

Es precisamente ese amor el que le hace creer que la música actual, coexistirá con aquella creada por la Inteligencia Artificial.

"Yo creo que lo que va a quitar la música hecha por Inteligencia Artificial ya ha existido, es música que ha existido y que cumple otras funciones en la sociedad, como la música de elevadores o música para cosas utilitarias que hacían compañías sin cara o sin alma. Pensando en el futuro, no sé si la música hecha por Inteligencia Artificial, pueda cumplir la labor de ser música para socializar, que al final es lo más importante o el último fin de la música, que es un gran socializador, pues a través de la música conoces a tus amigos, te sientes cercano a otras culturas, a otras tribus, a gente que se parece a ti y eso es un pegamento social. La música hecha con IA, va a cumplir una labor de cubrir música en películas o escenas que necesitan tener música de fondo, etcétera. Y conforme vaya creciendo va a ser más 'humana'. Pero no creo que alcance nuestro nivel. Va a haber dos niveles: la música que se haga por un algoritmo, y la música imperfecta, creada por personas de carne y hueso, que siente diferente, piensa diferente y toca diferente y que a través del error encontrará la virtud, como siempre ha pasado. Los grandes cambios de la música han sido por errores y cosas que son imperfectas.

"No creo que en este punto estén peleadas las dos cosas, hay que aprender a vivir en este mundo cyborg, donde habrá cosas mixtas y cosas derivadas de nosotros. ¡Es muy emocionante!".

En un mundo hiperconectado, Adele ve en las redes sociales un punto de inflexión en el descubrimiento y promoción de nueva música, plataformas como TikTok ayudan a que las audiencias descubran nuevas canciones o artistas, pero el reto es que el artista desarrolle una interacción mucho más duradera con esa audiencia.

Una visión similar presenta Camilo, cuando dice: "Que te bailen una canción no significa que vas a ser famoso", esto solo es una puerta de acceso. Sin embargo, hoy en día los artistas necesitan tener muchas capas: tener buenas canciones, ser simpáticos, sociables, y comunicarse todo el tiempo con sus comunidades.

En la actualidad, las redes sociales se vuelve un trabajo de tiempo completo y es muy intrusivo en la privacidad, si realmente quieres ser ese músico que conecte con un público, tienes que dar a cambio tu vida personal, tu tiempo. Antes tal vez solo sacabas una canción y listo. Hoy no, hoy tienes que estar sacando canciones todos los meses, y además hablar de tu salud mental, de quién eres y enseñar quién eres como individuo.

Julio, Rulo y Cha! son tres de mis mejores amigos a quienes les aprendí mucho durante los años que compartimos micrófonos en *El Mañanero*, el programa que transmitimos en Radioactivo 98.5 a inicios de este milenio.

Julio resalta que la velocidad del mundo en el que hoy viven los adolescentes va mucho más allá de lo que una estación de radio tradicional o medios tradicionales pueden ofrecer, por lo que el principal medio o plataforma donde descubrirá nuevos discos o artistas son las plataformas de streaming y las redes sociales.

"Lo que seguiremos viendo en el futuro es que los ciclos que conocemos como modas, serán cada vez más cortos. Las cosas estarán de moda durante menos tiempo y eso obligará a la industria de la música a ir por más artistas, porque cada vez tendrá más huecos que rellenar, ya sea en playlist, festivales, etc."

Algo que parecen secundar los integrantes de Peces Raros, uno de los actos más efervescentes de la escena argentina, que fusiona rock y electrónica para crear una mezcla original y que a lo largo de cinco discos les ha permitido pasar de tocar en pequeños bares a llenar el Estadio de Obras.

"Las tendencias culturales son pendulares, entonces a veces prevalece un sonido o una idea y después tienes un movimiento que es la respuesta a eso y se va a lo opuesto. En términos artísticos, muchas veces sucede que de un extremo terminamos en el otro, y el juego que nos toca a nosotros como músicos es detectar cuándo empieza la moda y cuándo ya pasó de moda. ¿cuándo es? Cada vez pasa menos tiempo entre épocas o entre modas, y ocurre en todas las esferas, es una tendencia social".

Después de su éxito con "What's Up?" y los 4 Non Blondes, Linda Perry se convirtió en una de las mejores compositoras de nuestros tiempos, creando éxitos como "Get the Party Started", de Pink, o "Beautiful", de Cristina Aguilera, además de producir y colaborar con artistas como Gwen Stefani, Alicia Keys, Celine Dion o Ringo Starr. La influencia de Perry en la industria de la música es incuestionable, pero ¿cómo imagina el futuro?

"Tengo miedo del camino que está tomando la música en este momento. Espero que todos abramos los ojos y veamos los cambios que necesitamos hacer para que la música siga siendo vigente dentro de 10 años, porque si seguimos como va, no lo vamos a lograr. Espero que los artistas puedan dedicar más tiempo a crear sus canciones, que sus carreras sean más largas, que les pongan más corazón, que sean más expresivos y más firmes en sus posturas. Estoy cansada de todas las canciones genéricas que dicen ' Hola, hoy es un dia hermoso, comí helado y estoy en Tiktok o lo que sea'."

Alison Mosshart, cofundadora de The Kills y The Dead Weather, comparte el pesimismo de Linda Perry.

"Siento que algo tendrá que cambiar para que los músicos podamos seguir tocando en vivo y eso no serán los hologramas. Es decir, en este punto es muy caro... nos hubiera gustado tocar en México desde hace tiempo, pero no podíamos hacerlo porque es muy caro. Podríamos enviar nuestros hologramas, ¿sabes? Creo que estamos en problemas, toda la industria está en problemas para encontrar la manera de pagarle a la

SOPITAS

gente de manera justa; en conseguir que la gente siga haciendo conciertos, que la gente asista y que la gente compre discos. Así que espero que algo cambie y no tengamos que esperar a que toque fondo".

Ante el boom de conciertos y festivales que hemos experimentado en los últimos años, quise buscar a Guillermo Parra, director de eventos internacionales de Ocesa, una de las principales empresas organizadoras de conciertos y festivales en todo el mundo, para preguntar por el futuro de la música en vivo. ¿Son sostenibles tantos festivales?, ¿cómo es la transformación?

"Más que un boom (de conciertos y festivales) es una maduración de la industria. Los conciertos a principios de los noventa estaban prohibidos en la Ciudad de México, así que la industria de conciertos y festivales como la conocemos hoy en día, es relativamente nueva. Pero es un hecho que tras la pandemia hubo un aumento de conciertos y festivales, aunque creo que llegará un momento a nivel mundial en el que todo se estabilizará. No tanto por cuestiones económicas, sino artísticas: ¿Qué tantos headliners hay para tantos festivales? ¿Qué tanto se tiene que repetir el talento para los festivales?

"A final de cuentas, los festivales son calificados dependiendo del headliner. Las bandas de abajo importan, pero al final, lo que lleva a la gente a decidir si compra un boleto o no, es la calidad de las cabezas de cartel, y lo que afectará a los festivales en un futuro es la cantidad de headliners que existan en el mercado."

Pero ¿qué hay de los conciertos con hologramas y realidad virtual?, ¿es replicable?, ¿es el futuro de la música en vivo, nos permitirá ver a bandas o artistas que ya no tocan o ya no existen?

"Para mí es un tipo de entretenimiento y no un derivado de la música en vivo, porque no es un concierto en vivo. Puedes tener una orquesta o un grupo tocando, pero las vocales y proyecciones son tecnología, están guionados, y no se improvisa. Son espectáculos especialmente para artistas como ABBA, o grupos que la gente no pudo ver, para recrear o imaginar lo que hubiera sido esa experiencia. No los veo como conciertos, sino como un evento, un espectáculo similar al Cirque du Soleil."

Y PARA MÍ, ¿CUÁL ES EL FUTURO DE LA MÚSICA?

Si algo he aprendido al escribir este libro, es que la música no tiene reglas. La constante evolución y la fusión de culturas, sonidos, instrumentos y tecnologías nos han llevado hasta donde estamos hoy.

Quizás el verdadero desafío no sea el futuro de la música en sí, sino ¿cómo nos adaptaremos como individuos y como sociedad a los nuevos géneros, nuevos estilos, nuevas ideas, sonidos y modas?

Para mí, la música es un espejo de la humanidad. Una herramienta que nos permite observar la evolución de la sociedad. La diversidad musical es un reflejo de la diversidad humana.

Ese ritmo que no te gusta no está destinado a gustarte a ti, sino a una subcultura emergente con la que por edad

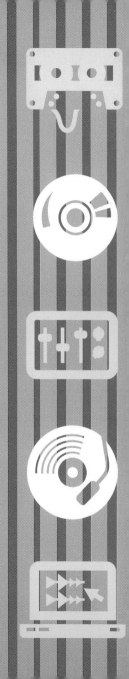